Liebe Mütter, liebe Väter,

als Eltern tun Sie alles, damit aus Ihren Kindern gesunde, zufriedene und selbstständige Erwachsene werden können. Eine wichtige Rolle spielen dabei auch das Vorlesen und gemeinsame Lesen. Beides ist für die Entwicklung von Kindern genauso förderlich wie gesunde Ernährung oder Bewegung! Außerdem gibt es fast nichts Schöneres für ein kleines Kind als mit Mama oder Papa zu kuscheln und dabei die neuesten Abenteuer ihrer fantasievollen Helden zu hören. Vorlesen schafft eine Atmosphäre von Vertrauen und Geborgenheit und stärkt die Bindung zwischen Eltern und Kindern. Damit es von Anfang an gelingt und allen Spaß macht, haben wir hier einige Tipps für Sie zusammengestellt:

Nehmen Sie sich Zeit
Schenken Sie Ihrem Kind beim Vorlesen Ihre volle Aufmerksamkeit, Ruhe ist dafür sehr wichtig. Die Vorlesezeit kann zu einem geliebten Ritual werden, wenn sie regelmäßig stattfindet, zum Beispiel kurz vor dem Schlafengehen, um den Tag gemeinsam ausklingen zu lassen.

Lesen Sie stimmungsvoll vor
Wenn Sie Ihre Stimme und Vorlese-Lautstärke der Handlung anpassen, erhöhen Sie die Spannung und den Zuhör-Spaß. Sprechen Sie laut, deutlich und so langsam, dass Ihr Kind Ihnen gut folgen kann.

Fördern Sie die Konzentration Ihres Kindes
Indem Sie Fragen zur Geschichte stellen, ermuntern Sie Ihr Kind, ganz genau hinzuhören. Zum Beispiel: Was ist da passiert?

Regen Sie zum Nachdenken an
Beziehen Sie durch Fragen die Alltagserfahrungen Ihres Kindes ein. Zum Beispiel: Ist dir das auch schon einmal passiert? Was würdest du machen?

Lassen Sie Ihr Kind kreativ werden
Regen Sie Ihr Kind an, die Geschichte weiterzuerzählen oder ein Bild dazu zu malen.

Wir wünschen Ihnen und Ihren Kindern wundervolle gemeinsame Momente.

Stiftung **Lesen**

Weitere Lese- und Medientipps gibt es auf www.stiftunglesen.de

Birkenstraße 10, 14469 Potsdam
Gesamtherstellung: Ullmann Medien GmbH, Potsdam

Illustrationen: Yayo Kawamura

ISBN 978-3-7415-0002-2

Susanne Orosz

Woher kommt die Milch?

Schlaue Geschichten rund ums Essen

Bilder von Yayo Kawamura

ullmann medien

Inhalt

Linden
Honig

1 Liter
Landmilch

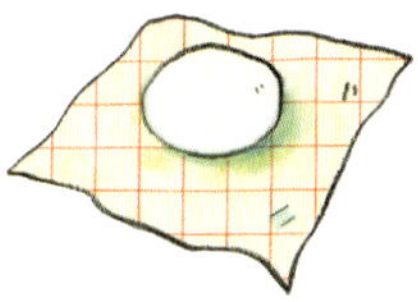

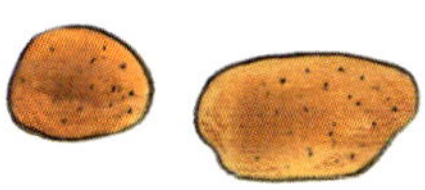

Puder-
Zucker

Tomaten zum Geburtstag

Die Pflanzen mit den weichen Blättern stehen in Blumentöpfen vor dem Supermarkt. Joshi streicht vorsichtig mit dem Zeigefinger über eines der pelzigen Blätter. Bis zum Bauch reicht ihm die Pflanze, und ihr Geruch erinnert ihn an Moos.

Frieda kommt zu Joshi herüber und beguckt sich die merkwürdige Pflanze. »Sind das auch Sonnenblumen?«, fragt sie.

Joshi bückt sich und biegt die Blätter auseinander. »Das glaub ich nicht. Sonnenblumen sind doch gelb. Und die hier haben gar keine Blüten.«

»Vielleicht fangen die erst später zu blühen an«, überlegt Frieda. Joshi schaut zu den Sonnenblumentöpfchen hinüber und überlegt. Nein, das hier sind garantiert keine Sonnenblumen.

»Na, die sind doch einfach wunderbar«, schrillt eine Stimme hinter Joshi. Erschrocken dreht er sich um. Eine Frau mit klimpernden Armreifen und großen Ohrringen drängt Joshi zur Seite und greift sich zwei der Pflanzen. »Nur zwei Euro neunzig. Gute Güte, das ist doch ein Geschenk. Da nehme ich gleich zwei.«

Joshi und Frieda gucken einander an, dann schauen sie der Frau hinterher, die, links und rechts einen Pflanzenkübel im Arm, auf den Eingang vom Supermarkt zueilt.

Frieda betrachtet den Fünfeuroschein in ihrer Hand. Den hat Mama ihr gegeben, damit sie eine Geburtstagsblume für Adele kaufen können. Um fünf geht ihre Party los. Das ist in einer halben Stunde. Wenn Joshi und Frieda pünktlich sein wollen, müssen sie sich jetzt für eine Geburtstagsblume entscheiden.

»Wir könnten für zwei Euro Fußballbilder kaufen, wenn wir die Dinger ohne Blüte nehmen«, flüstert Frieda und grinst.

Joshi findet die Idee nicht schlecht. Ihm und Frieda fehlen nur noch drei Sammelbilder, dann haben sie die Champions League

komplett. »Aber die Dinger haben keine Blüten. Vielleicht sind es gar keine richtigen Blumen«, meint Joshi.

»Quatsch. Du hast doch selbst gesehen, wie die Frau sich gefreut hat. Ein Geschenk, hat sie gesagt. Da ist es doch nicht schlimm, dass die Pflanze keine Blüten hat. Und für Adele reicht das allemal, die ist sowieso ein bisschen komisch.«

Joshi denkt nach. Irgendwie findet er nicht, dass Frieda recht hat. Dass Adele jetzt einen Blumentopf mit einem grünen Stängel und muffig riechenden Blättern dran als Geburtstagsgeschenk kriegen soll, das ist einfach nicht okay. Auch wenn Adele neu ist in der Siedlung und Joshi und Frieda sich mit ihr noch nicht richtig angefreundet haben.

»Weißt du, ich finde ...«, fängt Joshi an. Aber bevor er zu Ende sprechen kann, hat Frieda den Blumentopf schon gepackt und marschiert damit zur Kasse.

»Komm, wir haben's eilig. Wir können ja sagen, die Blume ist uns unterwegs abgeknickt und runtergefallen. Wir müssen ja keinem die Wahrheit erzählen.«

Joshi steckt die Hände in die Hosentaschen und trottet hinter Frieda zur Kasse. Irgendwie ist ihm mulmig. Aber als Frieda ihm ein Päckchen Fußballbilder in die Hand drückt, ist das schlechte Gefühl fast ganz vorbei.

Frieda und Joshi hasten die Lerchenfeldstraße entlang und biegen dann in den Erlenweg ein. Da wohnt Adele. Aus dem Garten vor ihrem Haus ist Geschrei und Kreischen zu hören. Frieda gibt Joshi die Blume in die Hand. »Die kannst du ihr geben!«, sagt sie und drückt auf den Klingelknopf. Im Garten wird das Gelächter jetzt lauter, und Joshi späht durch die Hecke. Adele und die anderen Kinder haben ein Haus aus Decken

im Garten gebaut. Eine Frau mit schwarzen Locken öffnet die Gartentür.

»Hallo, ich bin Katrin, Adeles Mama. Ihr seid wohl aus Adeles Klasse?«

Frieda nickt. »Ich geh mit Adele in eine Klasse. Joshi nicht. Er ist mein kleiner Bruder. Der geht noch nicht zur Schule.«

»Na, dann kommt mal rein.«

Adele kommt aus dem Deckenhaus gekrochen und winkt. Sie freut sich, dass Frieda gekommen ist. »Hallo. Es gibt Eis in unserer Burg. Wollt ihr auch eins?«

»Klar«, sagt Frieda. »Alles Gute zum Geburtstag. Wir haben dir was mitgebracht.«

Joshi schaut unsicher auf die Pflanze in seinen Händen. Tja, blöd, dass es keine Blume ist. Wenn es nach ihm gegangen wäre, dann würde er Adele jetzt sicher eine richtige Sonnenblume überreichen. Aber es ist ja nicht nach ihm gegangen. Die Packung Fußballbilder pikst durch Joshis Hosentasche in seinen Oberschenkel.

»Tut mir leid«, murmelt Joshi. »Äh, alles Gute zum Geburtstag, meine ich natürlich.«

»Das ist ja toll«, ruft Adele und nimmt Joshi die Pflanze aus der Hand. »Woher habt ihr gewusst, dass ich mir ausgerechnet die wünsche! Vielen Dank.« Adele läuft mit dem Blumentopf hinüber zur Terrasse. »Die werde ich gleich aussetzen. Wollt ihr mir helfen?«

Joshi ist richtig froh, dass Adele das Geschenk so gut gefällt. Als er sich zu Frieda umdreht, ist die schon im Deckenhaus verschwunden. Pflanzen aussetzen, davon hat Joshi doch keine Ahnung. So was hat er noch nie gemacht. Joshi seufzt und steckt die Hände in die Hosentaschen.

»Wir setzen die hier neben die Himbeerpflanzen. Da hat sie viel Sonne.« Adele buddelt mit einer kleinen Schaufel ein Loch in die Erde. Ihre Wangen sind ganz rot vor Aufregung. Joshi kniet sich neben sie und schiebt mit den Händen die Erde vom Loch weg.

»Macht Gärtnern dir auch so viel Spaß?«, fragt Adele.

Joshi schaut Adele an und schluckt. Er weiß nicht, was er jetzt sagen soll.

»Blöd, dass der Blume der Kopf abgefallen ist. Aber vielleicht wächst ja einer nach«, platzt es aus ihm heraus.

Adele runzelt die Stirn. »Was denn für ein Kopf? Was meinst du?«

»Na, der Blütenkopf.«

»Aber die Blüten sind doch schon längst verblüht. Schau mal, da!« Adele tippt auf eine der vielen grünen Kügelchen, die an den Zweigen wachsen. Die hatte Joshi noch gar nicht bemerkt.

»Jedes dieser Kügelchen war vor kurzer Zeit eine kleine gelbe Blüte«, erklärt Adele.

»Ach so, na klar«, sagt Joshi und hält den Topf mit beiden Händen fest, während Adele die Pflanze vorsichtig herauszieht. Adele setzt die Pflanze mit ihren Wurzeln in das Erdloch und gräbt es zu.

Neugierig befühlt Joshi die grünen Perlen an den Zweigen.

»Die werden schmecken«, versichert Adele. »Traumhaft, sag ich dir!«

Joshi nickt. Er würde zu gern wissen, was es mit diesen grünen Kügelchen auf sich hat. Ob die wirklich schmecken?

»Damit habt ihr mir eine große Freude gemacht. Vielen Dank«, sagt Adele und drückt Joshi einen Kuss auf die Wange. Joshi wischt den Kuss

ab und sieht zu, wie Adele einen Bambusstab in die Erde steckt und die Pflanze daran festbindet. Eigentlich findet Joshi Adele sehr nett. Er zieht die Fußballbilder aus der Hosentasche und hält sie Adele hin. »Hier, bitte schön. Die sind auch noch für dich.«

»Danke, Joshi. Das ist lieb von dir. Aber ich mach mir gar nichts aus Fußball. Komm lieber, wenn die Tomaten reif sind, und hilf mir bei der Ernte. Du kannst natürlich welche abhaben.«

Joshi runzelt die Stirn. Dann begreift er. Die grünen Pummelchen an den Pflanzen, das sind Tomaten! Na klar! Die sind jetzt noch ganz klein und müssen wachsen. Es ist keine Sonnenblume, die sie Adele geschenkt haben, sondern eine Tomatenpflanze!

»Und wann sind die Tomaten reif?«, will Joshi wissen.

»Na ja, zwei, drei Monate wird es schon dauern. Komm mich einfach jede Woche besuchen. Dann kannst du selbst nachschauen, ob sie schon groß und rot geworden sind.«

Joshi erzählt Frieda kein Wort über das Geheimnis der Tomatenpflanze. Er geht einfach von nun an jede Woche zu Adele. Immer am Dienstag, nach dem Fußballtraining. Von Anfang bis Mitte Sommer wächst die Pflanze, bis sie Joshi an die Schulter reicht. Adeles Mutter hat einen Joghurtbecher mit Löchern drin neben der Pflanze eingegraben, weil man Tomaten nicht von oben gießen darf. Joshi kippt jeden Dienstag eine halbe Gießkanne voll Wasser in den Joghurtbecher. Bald werden die Tomaten an den Zweigen schwer und groß wie kleine Äpfel. Gegen Ende des Sommers ist es endlich so weit: Die Tomaten sind prall und knallrot, und wenn man nur ganz wenig an ihnen zieht, fallen sie ganz von selbst von den Rispen. Adele wäscht die Tomaten unter dem Gartenschlauch und lässt Joshi abbeißen. Fruchtig, herzhaft und zugleich etwas süß schmecken Adeles Tomaten. Jeden Dienstag gibt Adele Joshi drei Tomaten ab. Sie teilt alles mit ihm, was auf der Staude wächst. Joshi findet das schwer in Ordnung. Er nimmt die Tomaten mit nach Hause und bereitet für sich und Frieda stolz ein Abendessen daraus. Tomatenbrot – das hat Adele ihm gezeigt. Frieda tut erst so, als könne sie Tomaten überhaupt nicht leiden. Aber als Joshi kurz nicht hinsieht, hat sie schon zwei Scheiben Brot gegessen.

Wissensecke

Was wären wir nur ohne die Indianer! Viele Hundert Jahre bevor die Menschen in Europa Tomaten, Kartoffeln oder Mais kannten, bauten die Indianer diese Pflanzen längst an. Der Name Tomate kommt von den Azteken, die früher in Mittelamerika lebten. Die Azteken nannten die rote Beerenfrucht tomatl. Das bedeutet »prall angeschwollenes Ding«. Und wirklich sehen reife Tomaten prall und angeschwollen aus. Außen herum haben Tomaten eine feine, glatte Schale und darunter nichts als Saft und Fruchtfleisch. Der Seefahrer Christoph Kolumbus brachte Tomaten nach Europa. Den Leuten in Italien schmeckten sie so gut, dass sie Tomaten in großen Feldern anbauten. Sie kochten sie mit Pfeffer, Essig und Öl und gossen die Soße über ihre Spaghetti. Das machen sie heute noch, und es schmeckt einfach toll, oder?

Lang und lecker

»Timon, kannst du mir bitte helfen, die Wäsche reinzuholen?«, ruft Mama. Draußen schüttet es auf einmal, als gösse jemand große Gießkannen über dem Balkon aus.

»Klar, mach ich!« Timon öffnet die Balkontür.

Mama fasst den Wäscheständer hinten und Timon vorne. Gemeinsam heben sie ihn hoch.

»So ein blöder Mist aber auch!«, flucht da plötzlich jemand auf dem Balkon nebenan. Mama und Timon gucken neugierig hinüber. Das ist Herr Frantuschek. Er ist neu eingezogen. Weder Timon noch seine Eltern haben ihn schon näher kennengelernt. Herr Frantuschek hat eine rosa Halbglatze, eine dicke Brille und einen beachtlichen Kugelbauch unter seinem Schlabberhemd. Ungeschickt poltert er mit seinem Wäscheständer gegen das Balkongeländer.

»Diese frechen Vögel. Sie haben fast alles aufgefressen.«

Mama und Timon schauen sich über ihren Wäscheständer hinweg an und grinsen.

»Seit wann fressen Vögel denn Unterhosen?«, flüstert Timon.

»Oder Socken?« Mama muss kichern.

Timon hält besorgt nach seinem zweiten Spiderman-Socken Ausschau. Aber der hängt zum Glück noch genau neben Mamas Schal.

»Jetzt sehen Sie sich das mal an!«

Herr Frantuschek hebt einen schwarzen Schnürsenkel mit zwei Fingern von der Wäscheleine und hält ihn Timon und Mama hin.

»So was will doch kein Mensch mehr essen, hab ich recht?«

Timon schüttelt den Kopf. »Stimmt, Herr Frantuschek. Schnürsenkel will keiner essen. Ich jedenfalls nicht.«

Mama und Timon hieven ihren Wäscheständer ins Wohnzimmer. Aber Timon streckt seinen Kopf sofort wieder durch die offene Tür nach draußen und sieht zu, wie Herr Frantuschek einen Schnürsenkel nach dem anderen von der Leine zupft und über das Balkongeländer wirft. Unten im Gras bleiben sie liegen. Sofort kommen zwei Krähen angeflattert und machen sich hungrig über die Schnüre her. Timon staunt. Das hat er noch nie gesehen, dass Vögel Schnürsenkel fressen.

»Aber so was gibt's doch nicht!«, ruft Timon.

Herr Frantuschek lächelt.

»Warum nicht? Krähen sind richtige Feinschmecker. Sie lieben meine Spaghetti.«

Jetzt versteht Timon. »Das sind gar keine Schnürsenkel, sondern Spaghetti?«

»Selbst gemachte Spaghetti«, betont Herr Frantuschek.

Timons Mund formt ein stummes O. »Sie können Spaghetti selber machen?«

»Natürlich. Alle Arten von Nudeln kannst du selber machen. Das ist die einfachste Sache der Welt. Sag bloß, du weißt nicht, wie das geht?«

Timon schüttelt den Kopf. »Magst du keine Nudeln?« Herr Frantuschek macht ein besorgtes Gesicht.

»Do-doch«, stottert Timon. »Ich liebe Nudeln. Egal ob lang oder kurz, ob geringelt oder mit einem Loch in der Mitte.«

Herr Frantuschek stemmt die Hände in die Hüften.

»Ich muss heute Nachmittag neue Nudeln machen. Wenn du willst, kannst du mir dabei helfen. Dann zeig ich dir, wie's geht.«

»Super«, freut sich Timon. Er ist wirklich zu neugierig darauf, wie das mit dem Nudelmachen funktioniert.

Um punkt zwei Uhr steht Timon vor Herrn Frantuscheks Tür und klingelt. Herr Frantuschek öffnet sofort. »Komm rein, und lass dich durch die Unordnung nicht stören.«

Timon folgt Herrn Frantuschek durch den mit Kisten und Kartons vollgestellten Flur.

»Ich hab noch nicht alles ausgepackt«, erklärt Herr Frantuschek. »Keine Zeit! Vor drei Tagen hat mich das Fernsehen angerufen und mich zur *Küchenshow* eingeladen. Fünf Mal hab ich mich schon beworben, und ausgerechnet jetzt hat es geklappt.«

»Wirklich, Sie kochen im Fernsehen? In der *Küchenshow*?« Timon kennt die Sendung. Sie kommt immer nachmittags, und Mama und er sehen sie ab und zu gemeinsam an, wenn sie neue Ideen brauchen, was sie zusammen kochen könnten. Die Leute, die in der *Küchenshow* auftreten, müssen besonders gut und schnell kochen können, das weiß Timon.

»Zum Glück ist mein Herd schon angeschlossen, und ich habe meine wichtigsten Kochbücher ausgepackt.«

Timon bleibt hinter Herrn Frantuschek in der Küche stehen und staunt. Der Herd ist wirklich gigantisch groß, und er blitzt metallisch.

»Bitte schön, für dich!« Herr Frantuschek gibt Timon eine weiße Schürze. Timon bindet sie um. Sie passt perfekt, und Timon fühlt sich damit wie ein richtiger Starkoch.

»Wann kommen Sie denn ins Fernsehen?«, fragt Timon.

»Nächste Woche schon«, erklärt Herr Frantuschek und siebt Mehl zu einem großen Hügel auf den Küchentisch.

»Und wenn ich Glück habe, schaffe ich alle Runden und werde Sieger. Ich muss fünf verschiedene Gerichte kochen, und berühmte Küchenchefs probieren sie dann und geben Noten.«

»Sind Sie Koch?«, will Timon wissen.

»Kochen ist nur mein Hobby. Von Beruf bin ich Mathelehrer.«

Timon zuckt zusammen. Herr Frantuschek grinst. »Aber Mathe ist doch toll … und grade in der Küche wichtig.« Herr Frantuschek zeigt auf die Packung Eier auf dem Tisch.

»Eins, zwei, drei Eier, bitte. Schlag sie auf, und gib sie in die kleine Mulde, die ich hier in das Mehl drücke.«

Timon nimmt vorsichtig ein Ei und schlägt es gegen den Rand der Metallschüssel, die Herr Frantuschek ihm hingestellt hat. Zum Glück hat Timon seiner Mutter schon oft beim Backen geholfen und weiß, dass man die Schale von rohen Eiern behutsam und mit viel Gefühl aufschlagen muss, weil sonst die ganze Soße über die Finger und über den Tisch fließt.

Timon lässt das letzte Ei in die Mulde gleiten.

»Gut gemacht«, lobt Herr Frantuschek und streut eine Prise Salz über das Mehl. »Ein bisschen Wasser dazu, und dann alles gut kneten.«

Timon krempelt die Ärmel hoch, greift mit beiden Händen in den Mehlberg und beginnt zu kneten. Aber es ist nicht so einfach. Die Eier flutschen zwischen seinen Fingern weg, und das Mehl staubt, dass es Timon in der Nase kitzelt und er niesen muss. Teigkrümel kleben an Timons Fingern und in seinem Gesicht. Es ist wie verhext. Der Teig will und will sich einfach nicht kneten lassen.

Timon schnauft. Die Hände und Unterarme tun ihm weh, und er kann vor Anstrengung kaum mehr die Finger krümmen.

»Du machst das prima«, lobt Herr Frantuschek. »Der Teig wird schon ganz glatt.«

Tatsächlich wird aus der krümeligen Masse langsam ein geschmeidiger Kloß.

Herr Frantuschek übernimmt den Teigkloß und knetet ihn zu einer glänzenden Kugel, die er unter die umgedrehte Rührschüssel legt. »Jetzt

muss der Teig ruhen. Im Mehl sind Klebstoffe, die sich erst einmal lösen müssen. Wenn das geschehen ist, sorgen die Klebstoffe dafür, dass sich alles im Teig besser verbindet. Das macht ihn elastisch und fest. In der Zwischenzeit kannst du dir überlegen, ob wir unsere Nudeln färben wollen. Schwarz mache ich sie mit der Tinte, die ein Tintenfisch verspritzt. Mit etwas Tomatenmark bekomme ich sie rot und mit Safran gelb.«

»Rot wäre lustig«, meint Timon. »Schwarze Nudeln sehen doch komisch aus.«

»Stimmt. Rote Nudeln sind hübscher.« Herr Frantuschek holt eine Tube Tomatenmark aus dem Kühlschrank.

Nachdem Herr Frantuschek das Tomatenmark in den Teig geknetet hat, darf Timon den Teig mit dem Nudelholz auf dem Tisch ausrollen. Toll sieht das aus. Rosa Nudelteig. Immer dünner und dünner walzt Timon den Teig, bis man das Holz der Tischplatte durchschimmern sieht.

Dann rollt Herr Frantuschek den Teig zu einer Rolle, und Timon schneidet dünne Streifen ab. Timon zieht die zusammengerollten Nudelspiralen auseinander und hängt sie auf den Wäscheständer.

»Diesmal stellen wir den Wäscheständer aber nicht auf den Balkon. Sonst sind die Vögel wieder schneller.«

»Nein!« Herr Frantuschek lacht. »Diesmal wollen wir die Nudeln ja selber essen.«

Bald ist der Wäscheständer voll, und Timon hängt die übrigen Nudeln über die Stuhllehnen, über die Umzugskartons und über die Stehlampe. Jetzt gibt es in der ganzen Küche keinen freien Platz mehr, wo man ste-

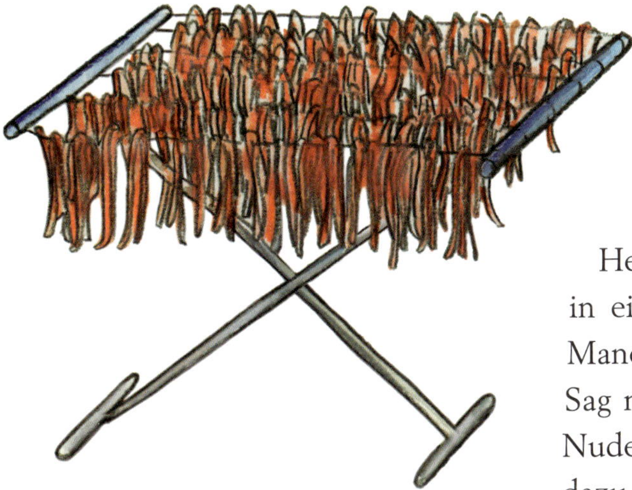

hen oder sitzen kann, ohne an einer Nudel kleben zu bleiben.

»Getrocknete Nudeln kann man länger aufheben«, erklärt Herr Frantuschek. »Ich fülle sie in eine Dose und esse sie später. Manchmal verschenke ich sie auch. Sag mal, womit wollen wir unsere Nudeln eigentlich essen? Eine Soße dazu wäre doch fein, oder?«

»Wir haben noch Erbsen und Schinkenwürfel«, fällt Timon ein.

»Daraus mache ich uns eine leckere Soße«, versichert Herr Frantuschek. »Vielleicht haben deine Eltern auch Lust auf ein paar Nudeln?«

Abends zieht Timons Mama eine Flasche Wein aus dem Regal, und Timons Papa holt die Erbsen aus dem Kühlschrank. Dann geht es los. Herr Frantuschek zaubert eine sahnige Erbsen-Schinken-Soße zu den Nudeln, und Timon und seine Eltern schnalzen beim Essen mit den Zungen und rollen vor Begeisterung die Augen. Mama bittet Herrn Frantuschek um das Rezept für die Nudeln. Aber Mama muss das Rezept nicht aufschreiben, weil Timon schon alle Zutaten im Kopf hat. Gleich morgen will er Mama zeigen, wie man Nudeln macht.

»Tolle Nudeln«, findet auch Timons Vater. »Sicher gewinnen Sie in der *Küchenshow*.«

»Ich bin nicht so sicher. Leider bin ich schrecklich aufgeregt, weil ich ins Fernsehen komme. Aber vielleicht wollt ihr drei ja als Studiogäste dabei sein. Dann wäre ich beim Kochen viel weniger nervös.«

»Das geht klar«, antwortet Timon. »Wir kommen gern und feuern Sie an!«

Wissensecke

Wer hat eigentlich die Nudel erfunden? Über diese Frage streiten sich seit langer Zeit die Chinesen und die Italiener. Die Italiener behaupten, die Nudel wäre ihre Erfindung und die Heimat der Nudel demnach Italien. Aber die Chinesen behaupten, die Italiener hätten die Nudel nicht selbst erfunden, sondern bloß abgeguckt. Fest steht, dass der berühmte italienische Entdecker Marco Polo im Mittelalter durch Asien gereist ist. Während seiner Reise hat Marco Polo in China Nudeln gegessen. Die schmeckten ihm so gut, dass er sie später mit dem Schiff mit nach Italien gebracht hat.

Aber auch in Italien gab es lange vor Marco Polo schon Nudelgerichte. Wahrscheinlich ist es so, dass die Nudel in Italien und in Asien unabhängig voneinander erfunden wurde. Und das ist eigentlich auch logisch. Denn warum sollte man eine so gute Sache nur ein Mal erfinden?

Die Wunderpille

Gestatten? Lilja: Forscherin.

Und diesmal geht es bei meinen Forschungen um Leben und Tod. Wenn mein Kollege und ich in den nächsten Tagen keine Wunderpille finden, wird es meiner kleinen Schwester schlecht ergehen. Sie wird vor Müdigkeit im Stehen einschlafen oder kraftlos vom Klettergerüst plumpsen.

Meine kleine Schwester, das ist Karla. Sie hasst gesundes Essen, wie Obst und frisches Gemüse. Und mein Forscherkollege, das ist Friedrich. Friedrich ist etwas klein, aber er geht trotzdem mit mir in die zweite Klasse. Er ist mein Banknachbar. Friedrich und ich wollen Forscher werden. Wir haben sogar schon einen Forscherpreis bekommen. Von Frau Krahl, unserer Klassenlehrerin. Wir haben die Haut einer Zwiebel gezeichnet, die wir durch das Mikroskop angeguckt haben. Aber heute sind wir mit etwas viel Wichtigerem beschäftigt: mit Karla.

Seit Wochen hat sie keine Vitamine bekommen.

»Ihh, nimm das weg!«, schreit sie, wenn ich die Salatschüssel auf den Tisch stelle. »Ich hasse Grünzeug!«

Karla isst nichts anderes als Schokoladeneier und Spiralnudeln. Nicht der kleinste Klecks Tomatensoße darf auf ihre Nudeln. Nicht das winzigste Blättchen Basilikum. Dabei sind gerade im Gemüse und im Salat wichtige Vitamine drin. Alles, was wir im Lauf eines Tages runterschlucken, wird in unserem Magen und im Darm verdaut und in Nährstoffe zerlegt. Und die Nährstoffe wandern dann durch das Blut in unseren Adern in alle Zellen unseres Körpers: in die Muskeln und in die Knochen, in unser Gehirn und in unsere Haut. So erreichen die Vitamine jeden kleinsten Winkel unseres Körpers – von den Zehen bis in die Haarspitzen. Vitamine bauen unsere Zellen auf und schützen uns vor Krankheiten. Es gibt eine Menge unterschiedlicher Vitamine: Vitamin A, B, C, D oder E. Und alle haben verschiedene Aufgaben. Vitamin C ist zum Beispiel wichtig für das Herz, und Vitamin D sorgt für gesunde Knochen.

»Du weißt doch, dass man ohne Vitamine nicht leben kann«, sage ich zu Karla. »Du wirst krank, dein Körper wird müde und kann nicht mehr richtig arbeiten.«

»Mir egal«, antwortet Karla und spießt eine der splitterfasernackten Nudeln auf ihre Gabel.

»Bitte, Karla. Iss wenigstens ein Stück Gurke!« Mama hat schon die ganzen letzten Wochen so ein Zittern in der Stimme, wenn sie mit Karla spricht. Die Zitterstimme hat Mama immer, wenn sie sich ganz große Sorgen macht.

Und Mama hat ja recht: Kein Mensch kann nur von Schokolade und Nudeln leben.

»Was deine Schwester braucht, ist eine Vitaminpille«, murmelt Friedrich und schaut gedankenverloren aus dem Fenster. »Vielleicht in Form von Gummibärchen. In die gelben könnten wir Vitamin C reintun, in die roten Vitamin A und in die grünen B-Vitamine.«

»Das ist sinnlos«, entgegne ich. »Wir haben für Karla mal Gummibärchen aus dem Bioladen gekauft. Die hat sie einfach wieder ausgespuckt, weil da statt Zucker Honig drin war. Seither isst sie überhaupt keine Gummibärchen mehr.«

Friedrich schaut mich mit großen Augen an.

»Keine Gummibärchen?«

»Kein einziges«, erkläre ich. »Das, wonach wir forschen, muss zu Nudeln passen, und es muss mal süß oder mal salzig schmecken. Je nachdem, ob Karla ihre Nudeln süß will oder salzig.«

»Aha.« Friedrich starrt angestrengt aus dem Fenster. »Süß oder salzig …, und zu Nudeln soll es passen. Also nee, du.« Friedrich schüttelt den Kopf. »Da fällt mir echt nichts ein.«

»Natürlich fällt uns nichts ein, weil wir bloß hier drinnen sitzen. Wir müssen rausgehen und die Dinge vor Ort erforschen. Vom Drinnenhocken ist noch keiner auf gute Ideen gekommen.«

Dann gehen wir los. Im Supermarkt laufen wir durch lange Regalschluchten, in der Apotheke kramen wir im Schnäppchenkorb, und im Getränkemarkt prüfen wir die Etiketten aller Obst- und Gemüsesaftflaschen. Aber wir finden nichts, das zu Nudeln passt.

»Meine Güte, es muss doch irgendwas geben«, sage ich mit dem gleichen ängstlichen Zittern in der Stimme wie Mama.

Da macht Friedrich im Laden an der Ecke eine Entdeckung. Er zieht eine gelbe Packung aus dem Regal. *Überraschung* steht in großen Buchstaben darauf geschrieben.

»Super!«, sage ich begeistert. »Das könnte es sein!«

»Meinst du, Karla isst das Zeug?« Friedrich betrachtet die Packung. »Jedenfalls ist eine Menge Zucker drin und sogar Vitamin B.«

»Na ja«, murmle ich. »Immerhin ein paar Vitamine und eine Überraschung. Versuchen wir's.«

Friedrich schüttelt aufgeregt die Packung an seinem Ohr. »Ich wette, die Überraschung ist so eine kleine Figur, die im Dunkeln leuchtet«, flüstert er. Ich merke, dass Friedrich die Packung gern aufmachen und nachsehen würde.

»Lass das.« Ich nehme Friedrich die Packung weg und lege sie auf das Förderband an der Kasse. Drei Euro neunundneunzig kosten die Knusperflocken. Oje. Mein Taschengeld für zwei Wochen ist futsch! Aber was tut man nicht alles für seine kleine Schwester.

»Was ist das?«, fragt Karla und sieht zu, wie Friedrich die Knusperflocken in eine Müslischale schüttet.

»Knusperflocken«, erklärt Friedrich. »Süß und knackig.«

»Mit Zucker?«, will Karla wissen und betrachtet den leuchtenden grünen Frosch, der als Überraschung in der Packung war.

»Mit ganz viel Zucker«, bestätigt Friedrich und gießt Milch über die Flocken.

Karla grinst und schiebt sich den vollen Löffel in den Mund. Es knackt und kracht, als sie die Flocken zwischen ihren Zähnen zermalmt. Friedrich sieht mich siegessicher an und nickt. Auch in meinem Gesicht breitet sich ein erleichtertes Lächeln aus. Endlich haben wir das Richtige für Karla gefunden! Aber da zieht Karla ihre Mundwinkel nach unten, und auf ihrem Nasenrücken erscheinen kleine Falten.

»Ihh, das schmeckt wie Pappe«, mault Karla und spuckt die Flocken in die Schale zurück. »Gibt's heute keine Nudeln?«

»Ich glaube, es sind keine mehr da«, sage ich mit dünner Stimme.

Karla schiebt ihren Teller von sich, dass die Milch über den Tisch schwappt.

»Ich esse Nudeln und sonst nichts. Und deine Flocken kannst du selber essen. Da sind bloß olle Vitamine drin. Denkst du, ich bin so doof und merk das nicht?«

Karla steht auf, packt den grünen Leuchtfrosch und trampelt extra laut über die Holztreppe nach oben in ihr Zimmer.

»Das war's dann wohl«, sagt Friedrich.

»Na ja. Immerhin haben wir's versucht.«

Friedrich geht. Ich sitze traurig am Tisch und zeichne Spuren in den Milchsee. Es ist wie verhext – irgendwas mit Vitaminen muss es doch geben, das Karla isst.

»Vitaminsprudeltabletten«, flüstert Friedrich, während er die Matheaufgabe von der Tafel in sein Heft abschreibt. »Vielleicht mag Karla Vitaminsprudel.«

»Kannst du vergessen«, zische ich und spitze meinen Bleistift an.

»Na, was habt ihr beide denn für Probleme?« Plötzlich steht Frau Krahl hinter uns. Sie zwinkert uns aus ihren hellblauen Augen an, und in diesem Moment weiß ich, dass Frau Krahl unsere Rettung ist.

»Süß und salzig, es soll zu Nudeln passen, und eine Überraschung sollte auch dabei sein.« Frau Krahl lässt sich in der Pause in den Autoreifen plumpsen, der zwischen zwei dicken Seilen vom Baum unseres Schulhofs hängt. Nachdenklich beginnt sie zu schaukeln. Friedrich und ich stehen mit gespannten Gesichtern daneben. Vor lauter Aufregung drehe ich das Matheheft in meiner Hand zu einer Papierwurst zusammen.

»Also, da fällt mir eigentlich nur eines ein«, sagt Frau Krahl und nimmt mir das Heft aus der Hand. Sie biegt es auseinander und zeichnet etwas auf die erste Seite, das wie unterschiedlich große Pillen in einem zipfeligen Schlauch aussieht. Keine Ahnung, was die Zeichnung bedeuten soll. Aber Friedrich grinst und flüstert: »Mensch, ist doch ganz klar. Da hätten wir gleich draufkommen können!«

Nach der Schule machen Friedrich und ich noch einen Umweg über den Markt. Am Gemüsestand kaufen wir ein Kilo von dem, was Frau Krahl uns aufgezeichnet hat. Mit der Papiertüte im Arm betrete ich wenig später unsere Küche. Karla sitzt vor ihrem leeren Teller und wartet, bis Papa die Nudeln gekocht hat.

»Guck mal, was ich hier habe!«, rufe ich und schwenke die Tüte.

»Was ist das?«, will Karla wissen.

»Überraschung!«, sagt Friedrich, der hinter mir in die Küche kommt.

»Zeig mal. Ich will auch deine Überraschung sehen!«

Ich kippe ein bisschen vom Inhalt meiner Tüte vor ihr auf den Tisch. Karla macht ein entsetztes Gesicht.

»Ihh, Gemüse!«

»Tja, aber ganz besonderes!« Ich nehme eine der grünen Schoten in die Hand und knacke sie mit dem Daumennagel. Heraus plumpsen sieben grüne, unterschiedlich große Kügelchen.

»Superpillen!«, erkläre ich Karla, werfe eine davon hoch und fange sie mit dem Mund auf.

»Und die kann man einfach so essen?«, fragt Karla.

»Klar!« Jetzt werfe ich Friedrich eine der Kugeln in den geöffneten Mund.

»Hmmm …, süß!«, sagt Friedrich und kaut.

Jetzt macht Karla ihren Mund auf, und ich stecke eine Kugel hinein.

Überrascht reißt Karla die Augen auf. »Prima. Das schmeckt süß und knackig!«

»Und in jeder dieser grünen Schoten gibt es eine Überraschung. Guck mal da!« Ich öffne eine neue Schote und lasse Karla die kleinen Kügelchen herauspulen.

»Toll!«

»Aber das Beste kommt noch«, sagt Papa und gibt eine Handvoll Kugeln in einen Topf.

»Wie möchtest du deine Nudeln heute?«, frage ich Karla.

»Salzig!«, sagt sie, ohne zu überlegen.

»Geht in Ordnung.« Papa gibt einen kleinen Löffel Butter in den Topf und schließt den Deckel.

Wenig später sitzen wir alle bei Tisch und sehen zu, wie Karla ihre Nudeln samt Kügelchen in den Mund stopft.

»Die schmecken vielleicht gut zu den Nudeln, eure Wunderpillen.«

»Tja, und das Gute daran ist, dass wir sie nicht mal neu erfinden mussten. Wir haben sie einfach auf dem Markt gekauft.«

Papa drückt Friedrich und mich fest an sich. »Zum Glück haben wir unsere beiden Forscher. Was meint ihr, sollen wir Karla nicht den richtigen Namen dieser Wunderpillen verraten?«

Friedrich und ich recken stolz unsere Hälse.

»Erbsen!«, sagen wir beide und rollen mit den Augen.

Wissensecke

Erbsen sind echte Wunderpillen: Die kleinen Kugeln sind voll mit Mineralien und Vitaminen (B1 und B2, die sind wichtig für Nerven und Gehirn). Erbsen selbst anzupflanzen, geht ganz leicht. Im Frühling kannst du überall Erbsensamen kaufen. Die drückst du einfach in die Erde eines Blumentopfs und hältst sie feucht. Du brauchst nicht lange zu warten. Erbsenpflanzen wachsen rasend schnell. Wenn sie fingerlang sind, brauchen sie eine Rankhilfe. Die Pflanzen klettern nämlich gern in die Höhe und brauchen eine Stütze, um sich daran hochzuziehen. Am Anfang kann es ein Strohhalm sein, aber später musst du den Pflanzen ein richtiges Gitter bauen. Erbsenpflanzen können bis zu zwei Meter hoch werden.

In den kleinen Täschchen, den Schoten, wachsen die Früchte der Pflanzen, die Erbsen, heran. Die Schoten kannst du aufknacken und die Erbsen darin kochen oder roh essen!

Kräuterzauber

»Na, das finde ich ja prima«, freut sich Frau Moosbacher und betrachtet interessiert die Pflanzen und Sträußchen, die die Kinder vor sich auf den Tisch gestellt haben.

Die Lehrerin, Frau Moosbacher, hatte den Kindern als Hausaufgabe aufgetragen, Kräuter mitzubringen, die sie zu Hause haben.

»Dann schauen wir mal, was ihr da habt.« Frau Moosbacher geht zum ersten Tisch und hält ein Kräuterzweiglein mit glatten, weichen Blättern hoch. Sofort schießen die Hände in die Luft, und einige schnippen mit den Fingern, weil sie wissen, wie die Kräuter heißen, die Frau Moosbacher in der Hand hält.

»Basilikum! Das kommt auf Tomaten und auf Spaghetti«, weiß Tatjana.

»Stimmt.« Frau Moosbacher zerreibt eines der Basilikumblätter zwischen den Fingern und hält es den Kindern unter die Nase. Hm, wie das duftet. Frisch und nach Erde.

Jetzt hält Frau Moosbacher ein grünes Sträußchen mit krausen Blättern hoch.

»Petersilie«, meldet sich Ulli. »In die Suppe?«

»Richtig.« Frau Moosbacher nickt. »Auch auf Kartoffeln schmeckt Petersilie gut. Und das?« Frau Moosbacher hält einen Stängel mit dunkelgrünen, gezackten Blättern hoch. Die Hände sinken unsicher nach unten. Frau Moosbacher pflückt ein großes Blatt ab und zerreibt es zwischen den Fingern. Dann hält sie Jan das Blatt unter die Nase.

»Hm, es riecht wie Kaugummi. Das ist Pfefferminze!«

»Genau. Viele Kräuter erkennt ihr besser am Geruch als an ihrem Aussehen. Ihr müsst ein Blatt abzupfen, es zerreiben und daran riechen. So kommen die Öle in der Pflanze mit der Luft in Berührung, und die Duftstoffe schwirren los«, erklärt Frau Moosbacher.

Dann geht sie zu Karoline. Sie hat Teebeutel vor sich auf den Tisch gelegt. Frau Moosbacher schwenkt den Teebeutel an dem Faden hin und her.

»Das hier ist ein wichtiges Heilkraut. Ihr braucht es, wenn ihr erkältet seid.«

»Kamille!«, ruft Jan.

Frau Moosbacher reißt das dünne Teesäckchen auf und krümelt dessen Inhalt auf ein weißes Blatt Papier.

»Seht ihr? Lauter zerkleinerte Kamillenblüten sind da drin. Kamillen sind Blumen, und ihre Blüten werden gesammelt und in der Sonne getrocknet, dann klein gehackt und in

Teebeutel gefüllt. Kamille ist kein Küchenkraut, sondern ein Heilkraut. Das bedeutet, dass man gesund wird, wenn man die Pflanze als Tee zu sich nimmt oder ihre Dämpfe inhaliert.«

»Aber Pfefferminze ist auch gesund. Überhaupt alle Kräuter.«

»Stimmt, Tatjana. Die meisten Kräuter, egal, ob man sie zum Kochen verwendet oder Tee daraus macht, wirken auf die Gesundheit.«

Frau Moosbacher lächelt. Sie ist stolz, weil die meisten Kinder schon so viel über Kräuter wissen. Dann dreht sie sich zu Lotte um. Der Tisch vor Lotte ist leer.

»Und du, Lotte? Hast du gar keine Kräuter mitgebracht?«

Lotte grinst schief. »Nee, Frau Moosbacher. Das ging leider nicht.«

»Und warum nicht? Hast du deine Kräuter alle aufgegessen?«

Frau Moosbacher und die Kinder lachen.

»Ich hab die doch nicht aufgegessen. Ich hab die unten stehen lassen.« Lotte zeigt auf das Fenster zum Schulhof.

Frau Moosbacher schaut neugierig aus dem Fenster. Dann runzelt sie die Stirn. »Also, ich seh da unten nichts. Wenn du willst, dass wir deine Kräuter anschauen, musst du sie schon hochholen.«

»Das geht wirklich nicht, Frau Moosbacher. Ehrlich.« Lotte grinst, aber Frau Moosbacher bleibt ernst.

»Lotte, jetzt hör mal zu. Das ist schon das zweite Mal in dieser Woche, dass du deine Hausaufgabe nicht gemacht hast.«

Lottes Wangen werden ganz rot. »Ich – ich konnte die Kräuter doch nicht ausreißen«, stottert Lotte. »Niemand kann das so einfach.«

»Also, jetzt reicht's mit deinen Geschichten«, sagt Frau Moosbacher streng.

Lotte steht schnell auf und läuft zur Tür. »Wenn Sie mir nicht glauben, dann schauen Sie doch. Bitte schön!«

Lotte zieht die Tür auf und macht eine einladende Handbewegung. Frau Moosbacher überlegt. Dann gibt sie der Klasse ein Zeichen, mitzukommen. Alle folgen Lotte in den Flur hinaus und dann nach unten auf den Schulhof.

Lotte läuft auf die Schulhofmauer zu. Direkt am dunkelgrünen, kniehohen Gestrüpp zwischen den dicken Baumstämmen bleibt sie stehen.

»Da ist es.«

»Brennnesseln!«, warnt Jan. »Nicht anfassen. Mensch, Lotte. Das sind doch keine Kräuter.«

»Brennnesseln sind wohl Kräuter!«, faucht Lotte ihn an.

»Ja, Unkraut vielleicht!«, meint Tatjana.

»Halt, stopp«, schaltet sich Frau Moosbacher ein. »Ihr habt beide recht.

Für Gärtner, die gern Gemüse oder Blumen anbauen, sind Brennnesseln ein Unkraut, weil sie sich so schnell vermehren und im Beet den anderen Pflanzen den Platz wegnehmen. Aber Brennnesseln sind auch nützlich. Man kann sie ausreißen und mit Regenwasser vermischen. Damit gießt man die Gemüsepflanzen. Diese Jauche macht das Gemüse stark und lässt es gut wachsen.«

Tatjana beißt sich auf ihre Unterlippe. »Trotzdem. Essen kann man Brennnesseln nicht. Man kann sie ja noch nicht mal anfassen.«

»Genau. Da würde man sich den Mund verbrennen, wenn man die essen würde«, meint Jan.

»Stimmt.« Frau Moosbacher wickelt ihren Schal um ihre Hand und fasst damit den Stängel einer Pflanze mit besonders dichten Blättern an. »Man muss schon gute Handschuhe haben, um die auszureißen.«

Frau Moosbacher reißt vorsichtig einige Brennnesselstauden aus und legt sie vor sich ins Gras.

»Sogar Schafe und Ziegen, die sonst alles fressen, lassen Brennnesseln stehen. Erst wenn es gar nichts anderes mehr zu fressen gibt und die Tiere großen Hunger haben, fressen sie Brennnesseln.«

Frau Moosbacher fasst den Brennnesselbund mit dem Schal an und hält ihn hoch, damit alle die Blätter gut sehen können.

»Seht ihr die feinen, kleinen Härchen an den Blättern und am Stängel? Eigentlich sind es gar keine Härchen, sondern Hunderte kleine Giftpfeile. Die schützen die Pflanze vor Feinden. Wenn ein Tier sie fressen möchte oder Menschen sie ausreißen wollen, schießt die Brennnessel ihre Pfeile ab. Die sind voll von Ameisensäure. Die Säure verursacht dann das Brennen und Stechen auf der Haut.«

»Aber warum sollte man so eine blöde Pflanze denn abreißen wollen?«, will Jan wissen.

Frau Moosbacher grinst. »Ganz einfach. Um sie zu essen! Sie ist eine Delikatesse. Früher haben die Leute ganz viele Brennnesseln gegessen, vor allem als Spinat. Kommt mit in die Küche. Dann zeige ich euch, wie man Brennnesselspinat macht!«

»O nee! Muss das sein?«, mault die ganze Klasse. »Brennnesseln essen doch nicht mal die Ziegen.«

Aber Frau Moosbacher geht entschlossen mit ihrem Brennnesselstrauß Richtung Schulküche.

Dort sind die beiden Köchinnen dabei, die Tomatensoße und die Nudeln für das Mittagessen zu kochen.

»Was haben Sie denn da?«, wundert sich eine der Köchinnen und verzieht das Gesicht.

»Brennnesseln. Daraus mache ich Spinat.«

Die Köchin weicht erschrocken zurück. »Passen Sie bloß auf, dass Sie sich nicht verbrennen, Frau Moosbacher.«

An die Wand gedrückt, schauen alle zu, wie Frau Moosbacher sich Gummihandschuhe anzieht, die Brennnesseln in die Spüle mit kaltem Wasser wirft und darin wäscht. Dann rupft sie die Blätter von den Stielen und wirft sie in einen Topf mit kochendem Wasser.

»So, schon fast fertig. Nur noch ein paar Minuten kochen, und der Spinat ist perfekt.«

Tatjana zeigt Frau Moosbacher hinter ihrem Rücken einen Vogel. Die anderen aus der Klasse nicken. Frau Moosbacher spinnt, so viel ist klar.

Frau Moosbacher gießt das Wasser aus dem Brennnesseltopf und lässt sich von der Köchin saure Sahne, Muskat, Salz und Pfeffer geben. Das gibt sie alles in den Topf und rührt eine Weile um. Zum Schluss nimmt Frau Moosbacher mit einem kleinen Löffel etwas Brennnesselspinat heraus und riecht daran. Sie steckt den vollen Löffel in den Mund und kaut genüsslich. Alle halten den Atem an. Werden Frau Mosbacher gleich Flammen aus dem Mund schlagen? Nein. Nichts passiert. Jetzt holt Frau Moosbacher noch eine Probierportion aus dem Topf und hält sie Lotte hin.

»Wärst du so nett, Lotte?«

»Aber gerne, Frau Moosbacher.«

Lotte nimmt den Löffel und probiert den Brennnesselspinat.

Sie lächelt. »Einfach köstlich!«

Die Kinder reißen vor Staunen die Münder auf.

»Ihr braucht keine Angst zu haben. Die Brennnesseln haben ihre ganze Ameisensäure ins Kochwasser geschossen. Jetzt tut es nicht mehr weh, sie anzufassen oder sie zu essen«, erklärt Frau Moosbacher und füllt den Spinat in eine große Schüssel.

Dann nimmt sie sich noch einen Löffel aus der Schüssel. »Hm. Fantastisch.«

Alle sehen zu, wie Frau Moosbacher genießerisch die Augen verdreht und den Löffel schwingt, als würde sie damit eine unhörbare Musik dirigieren.

Das macht die Klasse sehr neugierig.

»Ich auch! Ich will auch mal!«

Jan, Tatjana und Ulli und drängen sich um die Schüssel.

»Moment!« Frau Moosbacher lacht. »Einer nach dem anderen, bitte. Es ist genug für alle da.«

»Das schmeckt gut. Aber ein bisschen bitter«, findet Martin.

»Ich find's lecker«, sagt Frau Moosbacher. »Toll, Lotte. Du hast deine Hausaufgabe richtig gut gemacht.«

Selber machen

Frühlings-Zauber-Suppe

Dazu brauchst du:

1 Stange Lauch,

3 Esslöffel Butter,

5 Esslöffel Haferflocken,

1 Liter Gemüsebrühe,

Brennnesseln, selbst gepflückt.

Lass dir beim Kochen der Suppe von einem Erwachsenen helfen!
Die beste Zeit zum Kräutersammeln ist der Frühling. Die jungen Pflanzentriebe schmecken ganz besonders zart und sind richtige Vitaminbomben. Weil Kräuter so toll wirken, haben die Leute früher oft behauptet, dass man damit zaubern kann. Und eine gute Frühlingssuppe wirkt auch wie Zauberei.

Zieh dir dicke Handschuhe an und nimm eine Stofftüte mit. Brennnesseln wachsen überall an Hausmauern und unter schattigen Bäumen. Wenn du noch nie Kräuter gesammelt hast, nimmst du dir am besten jemand mit, der sich gut auskennt. Brennnesseln sind an ihren dunkelgrünen, gezackten Blättern leicht zu erkennen. Außerdem kannst du immer den Brennnesseltest machen: mit bloßen Fingern fühlen – wenn's pikst und brennt, bist du richtig. Wichtig ist, Kräuter dort zu sammeln, wo nicht viele Autos fahren. Deren Abgase lagern sich in den Pflanzen ab und sind nicht gesund.

Zu Hause wäschst du deine Brennnesseln gut in kaltem Wasser ab (Gummihandschuhe nicht vergessen). In der Zwischenzeit den Lauch waschen und schneiden und in Butter dünsten. Mit Gemüsebrühe aufgießen und die Haferflocken dazugeben. Dann alles zehn Minuten kochen lassen.
Zum Schluss die Brennnesseln schneiden und in den Topf werfen. Noch ein bisschen mitkochen lassen und fertig!
Mit der Suppe im Bauch bist du in diesem Frühling garantiert Fußballkönig oder Einradprinzessin.

Tief unter der Erde

Wolken, Wolken, Wolken! Wohin man schaut – nur Wolken. Hilde presst ihre Nase an das Wohnwagenfenster. Das wird heute wieder nichts mit Baden und Paddelbootfahren. »Das sind ja vielleicht blöde Ferien!« Hilde mag nicht mehr aus dem Fenster schauen.

Papa stellt den Korb mit frischen Brötchen auf den Frühstückstisch.

Hilde setzt sich zu ihm an den Tisch. »Toll, Papa! Frühstückseier!«, freut sich Hilde. Weich gekochtes Ei mag sie besonders gern zum Frühstück.

Hilde klopft das Ei mit dem Löffel auf. »Kannst du mir bitte mal das Salz geben?«

Papa steht auf und stößt mit dem Kopf gegen das rote Regal. »Autsch. Dieser blöde Wohnwagen ist einfach viel zu eng!« Papa reibt sich den Kopf und nimmt das Salz aus dem Regal.

»Ich mag ohne Salz kein Ei«, sagt Hilde.

»Ich auch nicht«, sagt Papa und schüttelt den Salzstreuer heftig auf und ab. »Oje! Der ist ratzekahl leer!«

Hilde verzieht ihr Gesicht.

»Warte«, sagt Papa. »Sicher ist noch ein kleiner Rest für dich drin.« Papa schraubt den Salzstreuer auf. Tatsächlich sind noch ein paar winzig kleine Krümel darin. Papa streut sie vorsichtig auf Hildes Ei.

»Woher kommt eigentlich das Salz?«, will Hilde wissen.

Papa beißt in sein Käsebrötchen. »Aus dem Supermarkt«, nuschelt er kauend.

»Ja, aber bevor es in den Supermarkt kommt – von wo kommt es da?«

Papa richtet sich im Sitzen auf und späht aus dem Wohnwagenfenster. Er guckt nach links, dann nach rechts und zum Schluss nach oben.

Hilde klettert vom Stuhl und guckt ebenfalls aus dem Fenster. Aber da draußen ist gar nichts zu sehen. Jedenfalls kein Salz.

»Da, Hilde, siehst du den Berg da?«

Papa zeigt zu einem hohen Gipfel, der in den dunklen Wolken verschwindet. »Der da drüben, das ist der Salzberg. Aus dem kommt das Salz.«

»Und wie kommt es da raus?«, will Hilde wissen.

Papa schmunzelt. »Gute Frage.« Dann klappt er seinen Laptop auf und schaltet ihn an. »So genau weiß ich das auch nicht. Ich weiß nur, dass das Salz tief im Berg versteckt ist, wie ein geheimer Schatz. Man muss weit in den Berg hineingraben, um das Salz herauszubekommen.« Papa schaut auf den Bildschirm des Computers. »Guck mal hier! Das Bergwerk kann man besichtigen. Was hältst du davon, wenn wir uns das heute zusammen ansehen? Bei dem Regenwetter können du und Lisa ja doch nicht im See baden.«

Sofort ist Hilde einverstanden. Sie isst schnell ihr Ei auf und läuft hinüber zu Lisas Wohnwagen. Ihre Eltern haben nichts dagegen, dass sie mit Hilde und ihrem Papa einen Ausflug macht.

Gleich nach dem Frühstücksabwasch fahren Papa, Hilde und Lisa los. Alle drei sind sehr neugierig. Keiner ist je zuvor in einem Salzbergwerk gewesen. Papa parkt das Auto direkt am Eingang zur Bergbahn, mit der man zum Salzbergwerk hochfahren kann. »Schon seit vielen Tausend Jahren, also seit der Steinzeit, graben die Menschen nach Salz«, erklärt Papa.

»Aber wie ist denn das Salz in den großen Berg hineingekommen?«, will Lisa wissen.

»Warte, bis wir oben sind. Da gibt es ein kleines Museum, in dem alles erklärt wird.«

Lisa und Hilde steigen hinter Papa in die Bergbahn. Sie hat große Fenster bis zum Boden, und man kann den See und die gegenüberliegenden Berggipfel sehen.

Oben am Eingang zum Museum warten schon viele Leute mit Rucksäcken und Kameras. Eine junge Frau in dunkelblauer Bergarbeiterkleidung und einer runden Kappe auf dem Kopf begrüßt die Besucher.

»Hallo, ich bin Nina, und ich zeige euch jetzt das Museum und danach das Salzbergwerk.« Vor einem Bild mit dem Salzberg darauf bleibt Nina stehen.

»Vor vielen Millionen Jahren, als es noch gar keine Menschen auf der Erde gab, war da, wo heute der Salzberg steht, ein großes Meer. Und im Meer, das wisst ihr ja, da gibt es …?«

»Salz!«, platzt es aus Hilde heraus.

»Genau. Aber das Meer hier ist ausgetrocknet, und das Salz blieb in riesengroßen Mengen einfach auf dem Boden liegen. Später gab es gewaltige Erdbeben, und die hohen Gebirgszüge um uns herum, die Alpen, sind aus dem Boden gewachsen. Die Berge haben das Salz auf dem Boden zugedeckt und es eingeschlossen. Jetzt liegt es tief unter der Erde und muss ausgegraben werden.«

Nina führt die Bergwerksbesucher in einen Raum mit großen Kleiderschränken. Jeder bekommt jetzt einen richtigen Bergarbeiteranzug.

Auch Lisa und Hilde müssen so einen Arbeitsoverall anziehen. »Im Inneren des Berges ist es kalt und nass, und der Anzug soll euch wärmen und schützen«, erklärt Nina.

Alle Leute folgen nun Nina zu einem großen Holztor. Hinter dem liegt ein langer, dunkler Gang. Der führt ganz tief in den Berg hinein. Richtig dunkel ist es da drin, und der Boden ist glitschig. Hilde und Lisa halten sich beim Gehen aneinander fest, damit sie nicht ausrutschen. Nina geht voran und leuchtet mit ihrer großen Taschenlampe mal auf den Weg, mal an die nass glitzernden Felswände. »Schon vor siebentausend Jahren haben die Menschen Tunnel in den Berg gegraben. Damals gab es natürlich keine speziellen Maschinen und Bohrer. Mit Pickeln aus Hirschgeweihen und Bronzehacken haben die Menschen das Salzgestein aus den Wänden der Felshöhlen gehackt und hinterher in Ledersäcken nach draußen geschafft.«

»Das war sicher sehr gefährlich«, flüstert Lisa.

»Und ob. Viele Leute sind von Gesteinsmassen und Felsen verschüttet worden. Aber das Salz war so wertvoll, dass sie die Gefahr trotzdem auf sich genommen haben«, erklärt Nina. »Weißes Gold nannten die Menschen das Salz früher. Und sie tauschten es gegen echtes Gold und Bronze. Die Menschen, die das Salz aus den Bergen herausholten, wurden für ihren Mut mit großem Reichtum belohnt.«

Endlich haben Hilde, Lisa und die anderen Bergwerksbesucher das Ende des Stollens erreicht. Da gibt es einen kleinen, höhlenartigen Raum, von dem aus eine schmale, glatte Holzrutsche abwärts führt. So lang ist die Rutsche, dass Hilde gar nicht sehen kann, wo sie hinführt. Hilde ist etwas mulmig zumute. »Kommt, wir rutschen zusammen!«, schlägt Papa vor. Lisa und Hilde setzen sich vor Nina zwischen ihre Beine, und Papa hält sie fest. »Keine Angst. Euch kann gar nichts passieren!«

Und schon rutschen sie zu dritt abwärts. Das geht ganz schön schnell und dauert viel länger als bei der großen Wasserrutsche im Schwimmbad.

Hildes Herz schlägt aufgeregt, als sie unten ankommen. Jetzt müssen sie durch einen dunklen Stollen noch eine Weile zu Fuß gehen. Schließlich wird der Gang immer breiter und mündet in eine gigantisch große Höhle mit einem großen See in der Mitte. Tiefgrün und schwarz glitzert das Wasser darin, und man kann den Grund weit unten im Wasser erkennen.

»Heute muss man das Salz nicht mehr aus dem Berg herausgraben. Heute wird einfach Wasser in die Laugenkammern geleitet, und das Salz wird herausgespült. Das Wasser fließt durch ein Rohr aus dem Berg heraus und wird unten im Tal in einem Tank gesammelt. Im Tank wird es erhitzt, und wenn alles Wasser verdampft ist, bleiben Salzkristalle übrig. Die werden fein gemahlen und als Tafelsalz verwendet.« Weiße Wölkchen steigen aus Ninas Mund auf, wenn sie spricht. So kalt ist es hier unten im Berg. Jetzt ist Hilde sehr froh, dass sie den Overall angezogen hat.

Nina führt die Gruppe weiter durch einen Stollen, bis sie wieder eine kleine Höhle erreichen, in der es einen Felsvorsprung gibt, der wie ein kleines Dach aussieht. Unter dem Dach ist alles mit Scheinwerfern ausgeleuchtet, und das Salz im Gestein schimmert und leuchtet rötlich und orange.

»Wie schön!«, findet Hilde. »Das sieht genauso aus wie die Salzlampe, die Oma auf dem Weihnachtsmarkt gekauft hat.«

»Genau. Diese Lampen sind auch aus Salzkristallen gemacht. Salzkristalle bleiben übrig, wenn Wasser verdunstet. Das wisst ihr ja schon. Und wenn besonders viel salzhaltiges Wasser verdunstet, dann bleiben richtig große Kristalle übrig. Salzkristalle konservieren das, was sie umschließen. Konservieren bedeutet haltbar machen. Alles, was mit Salz eingerieben wird, bleibt lange frisch, und man kann es ganz lange aufheben, ohne dass es schlecht wird: Fleisch, Fisch oder auch Gurken.«

Hilde nickt. »Stimmt, Salzheringe. Die isst Papa so gern. Oder Salzgurken.«

»Und genau das ist auch vor sehr langer Zeit mit einem Mann passiert, der hier nach Salz gegraben hat«, erzählt Nina. »Er wurde vom salzigen Gestein verschüttet. Viele Jahrhunderte später wurde der arme Mann im Berg gefunden. Er war natürlich längst tot, aber er war trotzdem nicht zu Staub zerfallen, wie sonst alle toten Lebewesen. Das Salz hat ihn konserviert, und er sah noch genauso aus wie an dem Tag, an dem er gestorben war ...«

»Ihh, wie gruselig!« Lisa schüttelt sich.

Nina gibt ihr recht. »Stimmt, das ist etwas unheimlich. Um diesen *Mann im Salz* gibt es auch viele schaurige Märchen und Erzählungen. Aber eigentlich ist es auch etwas Tolles. Durch die konservierende Kraft des Salzes wissen wir, wie diese Menschen, die vor Tausenden von Jahren nach Salz gegraben haben, ausgesehen haben, welche Werkzeuge sie benutzt haben und welche Kleider sie trugen.«

Wenig später erreicht die Gruppe eine Höhle, in der eine elektrische Bahn steht. Da steigen die Besucher jetzt ein. Lisa und Hilde dürfen vorne bei Nina sitzen. Nina legt einen Schalter um, und die Bahn setzt sich leise surrend in Bewegung. Hilde ist ganz schön froh, dass sie die weite Strecke nicht zu Fuß laufen muss. Beim Sitzen merkt sie, dass ihr schon die Füße wehtun. Außerdem fühlen sie sich feucht und kalt an. Aber je länger die Bahn unterwegs ist, desto wärmer wird es. Das ist ein Zeichen dafür, dass sie sich dem Ausgang nähern und alle bald wieder aus dem Berg herauskommen. Und wirklich. Ein paar Minuten später sieht Hilde Licht am Stollenende.

Angenehm warm ist es in dem Raum, in dem Hilde und Lisa und alle anderen Gäste ihre Overalls abgeben müssen.

»Wo ist denn dein Papa hin?«, fragt Lisa.

»Keine Ahnung. Er wird doch nicht drinnen im Berg geblieben sein?«

Hilde fühlt, wie sich bei dem Gedanken ihr Magen zusammenzieht.

»Wenn du deinen Papa suchst, der ist schon nach drüben in den Laden gegangen«, sagt Nina. Drüben im Geschäft steht Papa in der Schlange vor der Kasse. Er hält eine große, blaue Packung hoch. »Ich hab uns schnell noch neues Salz besorgt, sonst haben wir morgen wieder nichts aufs Frühstücksei!«

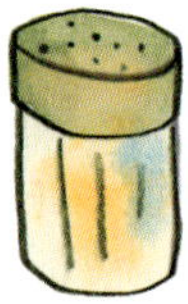

Wissensecke

Salz ist in fast allem drin, was wir essen: im Brot, in der Wurst, im Käse, aber auch oft in Kuchen und Keksen, also in Dingen, die gar nicht salzig schmecken. Auch in unserem Körper ist Salz. Ungefähr ein Teelöffel davon ist in unserem Blut. Das Salz mit seinen Mineralien ist wichtig für unseren Körper. Wenn wir viel schwitzen oder weinen, verlieren wir Salz. Sicher weißt du schon, wie deine Tränen schmecken: salzig. Auch wenn du viel geschwitzt hast und deinen Arm ableckst, wirst du merken, dass es salzig schmeckt. Mit dem Schweiß werden auch Salzkristalle aus dem Körper herausgeschwemmt. Die brauchen wir aber, um das Wasser in unserem Körper zu binden. Wer zu wenig Salz isst, verliert zu viel Flüssigkeit und trocknet aus. Auch die Tiere wissen das und lecken deshalb Salz. Kühe und Schafe bekommen zusätzlich zu ihrem Futter Salzlecksteine, und die Tiere, die in der freien Natur leben, wie Steinböcke, Rehe, Gämsen und Hirsche, lecken das Salz, das in der Erde oder im Felsgestein drin ist.

Wo die Schokolade wächst

Benno tritt aufgeregt von einem Bein auf das andere. Die Kiste neben dem Süßigkeitenregal ist randvoll mit Schokoladentäfelchen. In drei Reihen liegen sie nebeneinander. Die Tafeln sind nicht viel größer als Bennos Handfläche, aber sie verströmen einen Duft, der sich einige Male fest um Bennos Nase wickelt und ihn nicht mehr loslässt. Mild und geheimnisvoll und ein wenig nach Vanille.

Die Schokoladentafeln sind mit buntem Papier verpackt. Auf der roten Verpackung ist eine weiße Blüte abgebildet, deren Blätter wie kostbare Perlen aussehen. Ein tanzender Mann mit einem Federhut ist auf der grünen und eine Frucht, die wie eine Melone aussieht, auf der braunen Verpackung. Benno schließt die Augen und saugt den Geruch ein. Das kitzelt in Bennos Nase. Hm! Am liebsten würde er einfach durch das Papier in die Schokolade hineinbeißen.

»Komm, Benno. Wir müssen los. Mario wartet!« Mama hat sich neben Benno gestellt. Sie legt ihm die Hand auf den Rücken und schiebt ihn sanft in Richtung Kasse. Benno zeigt seiner Mutter die Schokolade. »Kann ich die haben? Für Mario, als Geschenk. Bitte, Mama.«

Mama nimmt die Tafel und liest, was draufsteht. »Die ist aber teuer.«

»Aber es ist ganz besondere Schokolade«, sagt die Frau an der Kasse.

Wenig später sitzt Benno mit seiner Mutter im Bus. Puh, ist das heiß heute. Der Bus fährt über eine endlos lange Straße mit vielen Geschäften. Benno dreht die Schokolade in seinen Händen.

»Dauert es noch lange, bis wir da sind? Ich hab solchen Hunger.«

Mama lacht. »Aber wir haben doch gerade erst gefrühstückt, Benno. Ich glaube eher, du hast Appetit auf die Schokolade. Aber die ist doch für Mario, oder?«

Benno rutscht in seinem Sitz tief nach unten und macht ein missmutiges Gesicht. Ob Mario sich über das Geschenk freut? Das Silberpapier knistert, als Bennos Finger darüberstreicht, und die gelbe Melonenfrucht leuchtet auf dem braunen Papier. Auf einmal kann Benno nicht anders. Er löst vorsichtig das Silberpapier. Jetzt kann er ein winzig kleines Stück der schwarzbraun glänzenden Schokolade sehen. Ganz würzig riecht sie und auch ein bisschen nach Orangen.

»Wenn du die Schokolade aufisst, hast du kein Geschenk für Mario.« Mama schaut Benno über den Rand ihrer Sonnenbrille hinweg an. Benno wiegt den Kopf. Stimmt! Benno mag Mario richtig gern. Also faltet er das Silberpapier wieder zusammen und steckt die Schokolade in seinen Rucksack.

Draußen taucht jetzt der große Park auf. Dann kommt das Restaurant mit den beiden Steinlöwen am Eingang. Hier muss man aussteigen, wenn man zu Mario will.

»Da seid ihr ja endlich! Ich dachte schon, ich muss heute alleine in den Klettergarten gehen.« Mario beugt sich über das Geländer und schaut zu, wie Benno und Mama die Treppe zu seiner Wohnung hochkeuchen. Mario öffnet die Arme und lässt sich nach hinten in den Flur umfallen, als Benno ihn umarmt.

»Ich hab dir was mitgebracht«, sagt Benno und rappelt sich hoch. Stolz öffnet er seinen Rucksack und greift hinein. Aber was ist das? Die Schokolade fühlt sich auf einmal weich und matschig an. Und da, wo Benno sie anfasst, wird sie ganz dünn und platt.

»Oje«, sagt Mama. »Die Schokolade ist in der Hitze geschmolzen. Wie schade.«

Benno ist wütend und traurig zugleich. Blöde Schokolade. Er wollte doch Mario damit eine Freude machen.

»Das ist aber ein tolles Geschenk, Benno, eine richtige Kostbarkeit!«, sagt Mario da.

Benno ist erleichtert, dass Mario das Geschenk gefällt.

»Und warum willst du sie dann nicht gleich aufessen?«

Mario legt die weiche Schokoladentafel vorsichtig auf seine flache Hand und balanciert sie zum Kühlschrank.

»Später, Benno. Erst muss die Schokolade im Kühlschrank wieder fest werden. Außerdem will ich mir Zeit nehmen, die Schokolade richtig zu genießen.«

Benno verzieht enttäuscht das Gesicht. »Wozu denn Zeit für so eine kleine Schokolade. Da machst du happs, und weg ist die«, erklärt Benno.

»Schon, aber diese Schokolade ist etwas Besonderes. Sie ist aus ganz feinen Bohnen gemacht.«

Benno runzelt die Stirn. Jetzt versteht er gar nichts mehr. »Aus Bohnen? Aber die sind doch grün. Und warum ist die Schokolade überhaupt geschmolzen?«

Mario lehnt sich gegen die Kühlschranktür und verschränkt die Arme.

»Schokolade wird aus Kakaobohnen gemacht. Die sind braun. Und sie schmilzt, weil …, weil …«

»Weil die gemahlenen Kakaobohnen mit Kakaobutter vermischt werden«, sagt Mama.

»Und wo wachsen diese Bohnen?« Benno will es jetzt ganz genau wissen.

Mario nimmt Bennos Hand. »Weißt du was? Drüben im Park gibt es ein Gewächshaus, und da drin wächst ein echter Kakaobaum.«

»Prima!«, findet Mama und legt den Arm um Marios Schulter. »Benno und ich haben noch nie einen Kakaobaum gesehen. Wie ist es, Benno, hast du Lust?«

Und ob.

Am Eingang vom Park studiert Mario die Hinweistafel mit den bunten Pfeilen. Er zeigt in die Richtung vom Gewächshaus, und Benno saust los. Den kleinen Hügel runter und über die Brücke. Dann steht er vor einem langen Gebäude, das eigentlich nur aus großen Glasfenstern besteht. Drinnen wimmelt es nur so von Pflanzen und Blättern. Große, lange, kleine, dicke, schmale – alle drängeln und schlängeln sich hinter den Glasscheiben ans Licht.

Oben an der Hügelkuppe tauchen jetzt Mama und Mario auf. Mensch, sind die langsam. Benno winkt ihnen. Dann drückt er die große Tür auf und verschwindet im Gewächshaus.

Drin ist es stickig wie in einem echten Dschungel! So warm und feucht ist es hier drin, dass Benno fast gar nicht richtig atmen kann. »Ich suche den Schokoladenbaum«, sagt Benno zu einem dünnen Mann am Eingang. »Wo wächst der?«

Der Mann kratzt sich am Unterarm. Seine Finger sind braun von Erde. »Den Kakaobaum meinst du. Der steht dort, gleich hinter dem Teich.«

Benno schlängelt sich den schmalen Kiesweg entlang. Ob es hier auch gefährliche Tiere gibt? Es raschelt und ploppt so merkwürdig. Aber das sind bloß die Wassertropfen, die von den Blättern fallen. Benno bleibt vor dem Teich stehen und schaut sich um. Ein schlanker Baum mit gegabeltem Stamm und kleinen Blättern steht vor ihm. Aber anstelle von Schokolade wachsen ganz hoch oben viele leuchtend gelbe Früchte am Stamm. Die sehen genauso aus wie die Frucht auf der Schokolade, die Benno Mario geschenkt hat! Und direkt am Stamm hat der Baum auch herrlich weiße Blüten. Die Blüten kommen Benno ebenfalls bekannt vor. Die waren auf den rot verpackten Schokoladentafeln.

»Na, du hast den Kakaobaum ja schon entdeckt.«

Benno dreht sich um. Mario und Mama stehen hinter ihm. Und auch der Mann vom Eingang.

»Ich weiß nicht, ob es der richtige Baum ist«, murmelt Benno. »Auf dem wachsen ja gar keine Bohnen.«

»Doch«, sagt der dünne Mann und bückt sich zu Benno hinunter.

»Siehst du die gelben Früchte ganz oben am Stamm?«

»Die aussehen wie Melonen?«

»Genau. Das sind Kakaofrüchte. Die Bohnen sind in der Frucht. Ganz viele eng zusammen. Wie die Kerne in einer Melone.«

»Und wie kriegt man die Bohnen von da oben runter?«, will Benno wissen.

»In Afrika und Südamerika, wo die Kakaofrüchte im Regenwald wachsen, schneiden Plantagenarbeiter die Früchte mit langen Sicheln vom Stamm. Das ist anstrengend und sehr gefährlich.«

»Gibt es dazu keine Maschinen?«, fragt Mama und macht mit ihrem Handy ein Foto vom Kakaobaum.

»Leider nicht. Deshalb ist Kakao auch so teuer, weil die Ernte in Handarbeit geschieht. Braunes Gold, so nennen die Händler die Kakaobohnen.«

Benno reckt den Hals. »Schade, dass die Früchte so weit oben wachsen. Sonst könnte ich ein paar mitnehmen und zu Hause Schokolade machen.«

»Komm«, sagt der Mann. »Vorne an der Kasse hab ich was für dich.«

In dem kleinen Büro neben dem Eingang zieht der Mann eine Schublade auf. Er kramt eine mit Blumen verzierte Blechschachtel heraus. Es scheppert leise darin, als der Mann sie öffnet.

Hellbraune und dunkelbraune Bohnen sind in der Kiste. Sie duften einfach herrlich.

»Schokolade!«

»Noch nicht ganz!« Der Mann lässt einige der Kakaobohnen durch seine Finger gleiten. »Die Bohnen werden mit einem Messer aus den Früch-

ten gekratzt und dann in der Sonne getrocknet. Danach werden sie auf Schiffe verladen, und die bringen sie zu uns.«

»In die Schokoladenfabriken!«, weiß Benno.

»Stimmt. Da gibt es eine Menge spezieller Maschinen, die die Bohnen rösten und mahlen. Die meisten Schokoladenfabrikanten benutzen zur Herstellung ihrer Schokoladen eigene Geheimrezepte.«

Der Mann lässt drei Bohnen in Bennos Hand fallen.

Benno nimmt eine Bohne zwischen die Finger und beißt hinein.

»Ihh, das schmeckt bitter.«

Der Mann schmunzelt. »Das kommt, weil in Kakaobohnen kein Zucker drin ist. Erst der Zucker macht die Schokolade süß.«

Zu Hause stellt Mario eine Pfanne auf den Herd und gibt zwei Kakaobohnen hinein. Zwanzig Minuten müssen die Bohnen geröstet werden, dann gehen die festen Schalen drum herum ab, und die Bohnen fangen noch mehr an zu duften. Jetzt gibt Mario die Kakaobohnen in seinen Steinmörser und zerbricht und zermahlt sie zu einem feinen Pulver. Und weil zwei Bohnen zu wenig sind für eine ordentliche Portion Schokolade, fügt Mario noch ein paar Löffel von seinem Biokakao hinzu. Mama holt Kokosfett aus dem Kühlschrank und gibt es für Benno in einen Topf. Benno rührt langsam, bis das Fett in der Pfanne auf der warmen Herdplatte zerschmilzt. Jetzt kommt das Kakaopulver dazu und ein wenig Zucker.

»Das lange Rühren ist das Wichtigste, wenn man gute Schokolade machen will«, weiß Mario aus dem kleinen Buch, das er sich im Gewächshaus gekauft hat. »Nur wenn man die Schokolade lange genug rührt, schmilzt sie im Mund.«

Mario gibt Vanillezucker und etwas Zimt zur Schokolade. Das duftet

so herrlich, dass Benno das Wasser im Mund zusammenläuft. Mama hat eine Auflaufform mit Keksen ausgelegt. Benno darf die flüssige Schokolade darübergießen.

»Das ist unser Dessert für heute Abend!«, verkündet Mario und stellt alles in den Kühlschrank.

Nach dem Abendessen ist es endlich so weit: »Achtung, bitte Platz machen für unser Dessert.« Mario stellt die Auflaufform aus dem Kühlschrank auf den Tisch. Benno schnuppert daran. Ganz geheimnisvoll nach Vanille und Zimt duftet die Schokolade zwischen den Keksen. Jetzt werden sie alle zusammen ihre selbst gemachte Schokolade in Ruhe genießen. Sonst schmeckt sie ja gar nicht richtig, findet Benno.

Wissensecke

Für die Ureinwohner Südamerikas, die Olmeken, Azteken und die Inka, waren Kakaobohnen so wertvoll wie Gold. Sie verwendeten sie als Zahlungsmittel, als Arznei und als Grundlage für ein Getränk, das chocolatl. Sie bereiteten es zu, indem sie zerstoßene Kakaobohnen über dem Feuer rösteten, sie mit Wasser schaumig schlugen und mit Gewürzen vermengten. Als der spanische Entdecker Hernando Cortez zum ersten Mal nach Mexiko kam, schenkte ihm der Aztekenkönig Moctezuma neben Gold auch Kakaobohnen. Die brachte Cortez mit nach Europa.

Aber bis man hier daraus Schokolade herstellte, war es noch ein weiter Weg. Die kostbaren Bohnen konnten sich erst nur ganz reiche Leute leisten. Kakao war das Getränk der Könige und Prinzessinnen. Erst seit etwa hundert Jahren können sich wirklich alle Leute in Europa Schokolade leisten. Die Menschen in Südamerika oder Afrika, die Kakaobohnen anbauen und ernten, sind dahingegen meistens so arm, dass sie sich keine Schokolade kaufen können. Um dagegen etwas zu tun, kaufen viele Menschen fair gehandelte Bioschokolade. Fair heißt, dass alle, die beim Ernten der Kakaobohnen helfen, gerecht, also fair, bezahlt werden. Das bedeutet, dass gefährliche Erntearbeit nicht von Kindern gemacht werden muss und dass die Kakaobauern genug Geld verdienen, damit ihre Kinder nicht arbeiten müssen und zur Schule gehen können.

Die Bohnen für Biokakao oder Bioschokolade werden außerdem ohne chemischen Dünger und ohne Insektengift angebaut. Das ist gut für den Regenwald, für die Tiere und für die Menschen.

Erdbeertraum

Großes Erdbeerfest! steht in bunten Buchstaben auf dem Plakat an der Schuppenwand. Darunter ist ein grinsendes Erdbeergesicht mit rotem Filzstift gemalt. Lilly schiebt ihr Rad langsamer und guckt. Sicher hängt das Plakat schon länger hier. Aber Lilly ist es noch nicht aufgefallen. Die Rückwand des Fahrradschuppens im Hinterhof ist immer ganz voll mit Zetteln. Wer einen Kinderwagen verkaufen will oder einen Babysitter braucht, hängt hier einfach eine Nachricht auf.

Wir kochen, backen und essen Köstlichkeiten rund um die Erdbeere – eurer Fantasie sind keine Grenzen gesetzt! Bringt eure Lieblingsspeisen aus Erdbeeren mit, und lasst uns feiern. Wir schminken und verkleiden uns und singen Erdbeerlieder! Für die leckerste Erdbeerspeise gibt es den großen Erdbeerpreis!

Lilly findet die Einladung toll. Erstens liebt sie Erdbeeren, und zweitens singt sie und verkleidet sich gern.

»He, Lilly, kommst du auch zum Erdbeerfest?« Das ist Egon. Schnaufend schleppt er zwei Klappstühle über die Wiese.

Sein Gesicht ist vor Anstrengung rot wie die Erdbeere auf dem Plakat. »Leo und ich machen eine Sahne-Kuppeltorte, gefüllt mit frischen Erdbeeren!« Egon lässt die Klappstühle ins Gras fallen und schaut Lilly erwartungsvoll an.

»Ich glaub nicht, dass ich kommen kann. Meine Mutter hat heute ein Seminar, und ich gehe zu Oma.«

»Schade. Jule und Mike kommen auch, und Bosses Vater spielt Gitarre.«

Lilly nimmt die Einkaufstasche von der Lenkstange und schiebt ihr Fahrrad in den Schuppen. Das mit dem Erdbeerfest hört sich wirklich gut an. Vielleicht hat Mama nichts dagegen, wenn Lilly einfach hierbleibt und zum Fest geht.

Lilly lehnt ihr Rad gegen die Schuppenwand. Sie hängt sich die Einkaufstasche über die Schulter und rennt die Steintreppen zum Hauseingang hoch.

»Ein Erdbeerfest?« Lillys Mutter malt ihre zum Kussmund gespitzten Lippen vor dem Spiegel rot an. Wie eine dicke, saftige Erdbeere sieht Mamas Mund aus.

»Bitte, Mama, ich möchte so gern hingehen. Jule kommt, und Egon und sein Bruder, und ich will unbedingt den Erdbeerpreis gewinnen.«

»Soso.« Mama lässt ihren Lippenstift in die Handtasche plumpsen und klappt sie zu. »Dann musst du aber Oma anrufen und ihr Bescheid sagen, dass du nicht kommst. Hast du noch Geld, um Erdbeeren zu kaufen?«

»Hab ich!«

Lilly greift in ihre Hosentasche und zählt. Vier Euro vierzig Cent sind beim Einkaufen übrig geblieben. Das müsste doch reichen.

»Also, mach dir einen schönen Nachmittag, meine Erdbeerprinzessin!«

Mama drückt Lilly einen Kuss auf die dunklen Locken und marschiert los. Plonk!, fällt die Tür ins Schloss.

Lilly stützt ihr Kinn in die Hand und überlegt. *Köstlichkeiten aus Erdbeeren* soll man zum Erdbeerfest mitbringen. Aber was sind eigentlich *Köstlichkeiten aus Erdbeeren*? Lilly greift sich das dicke Kochbuch mit den großen Fotos aus dem Regal und blättert zu *E* wie *Erdbeeren*. Großartig, was es da alles für Rezepte gibt: Törtchen, Cremerollen, Kuchen mit ganzen Früchten oder mit Erdbeerschaum gefüllt. Shakes mit Minzblättchen kann man aus Erdbeeren zaubern, Eis und Trinkjoghurt. Lilly schwirrt der Kopf. Sie blättert weiter. Erdbeer-Sahne-Quark! Auf dem Foto ist eine Glasschüssel zu sehen, die unten mit roten Erdbeerstückchen und darüber mit schneeweißer Quarkcreme gefüllt ist. *Erdbeeren waschen, schneiden und mit Zucker und Sahnequark vermischen*, steht unter dem Bild. Lilly ist begeistert. Mit dieser Quarkspeise wird sie sicher den ersten Preis unter den Erdbeerköstlichkeiten gewinnen.

Lilly schnappt sich eine Einkaufstasche und läuft die Treppe hinunter. Im Hof sind Egon und Leo schon dabei, die Biertische unter der Kastanie aufzubauen. Frau Gerber aus dem Erdgeschoss steht auf einem Stuhl und hängt Lampions in den Kastanienbaum.

»He, Lilly!« Frau Gerber winkt. »Kannst du uns mal helfen?«

»Gleich! Ich muss noch Erdbeeren holen.«

Lilly schaut auf die Uhr von ihrem Handy. Halb zwölf. Da ist noch genug Zeit zum Einkaufen und zum Kochen. Lilly läuft zum Gittertor und dann links die Straße entlang. Beim Supermarkt angekommen, geht Lilly sofort zum Obstregal. Aber was ist das? Lillys Herz zieht sich zusammen. Da, wo vorhin noch die Plastikkörbchen voll mit Erdbeeren standen, ist alles leer gefegt. Ratzekahl ausgeräumt. Nur eine einsame, verschrumpelte Erdbeere klebt auf dem Regalboden.

»Wo sind denn die ganzen Erdbeeren?«, fragt Lilly einen Verkäufer.

»Leider alles ausverkauft.« Der Verkäufer wischt verlegen seine Hände am weißen Arbeitsmantel ab.

O weh. Das fehlt gerade noch. Lilly braucht Erdbeeren. Und zwar dringend und schnell.

»Vielleicht hat der Gemüseladen in der Schäferstraße noch welche«, sagt der Verkäufer.

Lilly rennt zum Milchregal. Wenigstens Quark und Sahne will sie besorgen. Sie bezahlt und hastet auf die Straße hinaus.

Der Laden in der Schäferstraße ist gleich um die Ecke. Und da sieht sie auch schon die rot leuchtenden Körbchen auf den Verkaufstischen. Erdbeeren! Zum Glück. Hm, was für ein Duft! Wie ein ganzer Wald aus Erdbeeren riecht das.

Lilly hebt eines der Körbchen hoch und hält es an ihre Nase. Da klappert etwas Gelbes neben Lillys Füßen auf den Boden. Ein Preisschild aus Plastik ist das. *Bioerdbeeren 4,50 Euro* steht darauf. So viel Geld hat Lilly gar nicht mehr. Und nun?

Lillys Augen brennen, und ihr Magen fühlt sich ganz flau an. Ohne Erdbeeren kann sie auf keinen Fall zum Erdbeerfest! Und dabei hatte sie sich schon so eine tolle Erdbeerköstlichkeit ausgedacht!

Genau in dem Moment klingelt Lillys Handy.

»Kind, was ist denn los mit dir? Warum meldest du dich nicht?«

»Oma!«, schnieft Lilly ins Handy.

»Wie hörst du dich denn an?«, will Oma wissen.

Lilly seufzt, dann sprudelt sie los. In einem ziemlichen Durcheinander erzählt sie vom Erdbeerfest, von Egon und Jule, von der Quarkcreme und vom Preis für die beste Erdbeerköstlichkeit.

»Verstehe«, sagt Oma, als Lilly fertig ist. »Vier Euro fünfzig für ein Pfund Erdbeeren ist wirklich Halsabschneiderei. Weißt du was? Wir fahren ins Erdbeerfeld.«

Lilly wartet am Gittertor vor ihrer Wohnhausanlage, da biegt Omas Auto in die Straße ein. Opa ist auch mitgekommen. Er sitzt hinten, was mit seinen langen Beinen sicher unbequem ist. Aber er und Oma wissen, wie gern Lilly vorne sitzt.

Oma küsst Lilly auf die Wange und gibt Gas.

»Hallo«, sagt Lilly auch zu Opa. Zwei hohe Türme aus Spanholzkörben sind auf der Rückbank aufgebaut. »Sollen wir die alle mit Erdbeeren füllen?«, fragt Lilly.

»Natürlich. So ein Ausflug ins Erdbeerfeld muss sich doch lohnen. Und dann noch Bioerdbeeren …«, schwärmt Opa. »Die sind die besten!«

Lilly schaut auf die Uhr an Omas Handgelenk. Oje, schon fast halb eins. Ob sie es rechtzeitig zum Erdbeerfest schaffen?

»Jetzt mach dir keine Sorgen«, meint Oma, als ob sie Lillys Gedanken lesen könnte. »Wenn du dich etwas verspätest, ist das doch keine Tragödie. Du weißt ja: Die schönsten Gäste kommen immer zum Schluss.«

Kurz darauf sind sie schon beim Biobauernhof. Der große Parkplatz vor dem Hofladen ist voll mit Autos.

»So viele Autos«, stöhnt Lilly. »Wenn alle Leute Erdbeeren pflücken, dann gibt es vielleicht schon keine mehr.«

»Keine Angst, Lilly. Da ist genug übrig«, ächzt Opa und quält sich aus dem Auto. »Da geht's lang.«

Das Erdbeerfeld ist riesengroß. Eigentlich sind es vier große Felder nebeneinander, die mit niedrigen Zäunen voneinander getrennt sind. In endlosen Reihen steht eine Erdbeerpflanze neben der anderen. Zwischen den Reihen sind kleine, mit Stroh ausgelegte Wege.

Opa greift mit der Hand in eine Erdbeerpflanze und biegt die dicken Blätter zur Seite. »Siehst du, wie viele Früchte die Pflanzen tragen? Und alles ohne Kunstdünger. Ein bisschen Kompost ist alles. Hier, probier mal, wie die schmecken.«

Lilly zupft eine reife Beere ab und steckt sie sich in den Mund. Warm und süß wie ein langer Sommernachmittag schmeckt die.

»He, ihr beiden. Ihr sollt sammeln und nicht essen!« Oma hat ihren Strohhut aufgesetzt und schwenkt ein paar Reihen weiter ihren Erdbeerkorb.

»Mensch, die hat ihren ja schon voll!«, wundert sich Opa.

»Also los!«, ruft Lilly. Und dann zupfen sie und Opa rasch die roten Beeren von den Stauden. Trotzdem landet jede dritte Erdbeere nicht im Korb, sondern in Lillys Mund.

»Das ist das Tolle am Selberpflücken«, seufzt Opa. »Du kannst essen, so viel du willst! Wiegen und bezahlen musst du nur die Beeren im Korb.«

Um Punkt halb drei sind alle Körbe voll, und genau eine halbe Stunde später kommen Lilly und ihre Großeltern wieder zu Hause an.

»He, Lilly, Beeilung!«, ruft Egon ihr zu, als sie zusammen mit Opa die

schweren Körbe über den Hof schleppt. Die Gäste sitzen schon an den festlich gedeckten Tischen, und Egon und sein Bruder Leo verteilen Teller. Große Torten, Cremespeisen und sogar Erdbeereis mit frischen Waffeln stehen bereit. Bosses Vater klimpert auf der Gitarre, und Frau Gerber malt einem kleinen Mädchen mit Schminkstiften eine Erdbeere ins Gesicht.

»Komm, Lilly, beeilen wir uns!«, ruft Oma.

In der Küche machen sich alle drei sofort ans Werk. Lilly wäscht die Erdbeeren mit kaltem Wasser, und Opa legt sie zum Trocknen auf ein Geschirrtuch. Dann zupft Oma ihnen die Stängel ab und schneidet sie in kleine Scheiben. Lilly gibt die Sahne in die Rührschüssel und rührt sie mit dem Mixer, bis sie steif ist. Dann verrührt sie die Sahne mit Quark und etwas Zucker. Oma kippt die saftigen Beerenstückchen in die große Glasschüssel, und Lilly gibt die Quarkcreme obendrauf. Toll sieht das aus, wie der rote Saft der Beeren und die Quarkcreme ineinanderfließen.

Genau wie auf dem Foto im Kochbuch. Opa zupft ein paar Minzblättchen aus dem Kräutertopf und legt sie obendrauf.

»So, jetzt kannst du runter zum Fest«, sagt Oma. »Ich hole den Gelierzucker aus dem Auto und mache Marmelade aus den restlichen Erdbeeren!«

Unten ist das Fest schon in vollem Gange. Jede Menge Erdbeerköstlichkeiten stehen dicht an dicht auf dem Tisch, und Lillys Schüssel findet kaum noch Platz.

»Was bringst du denn Feines, Lilly?«, fragt Frau Gerber und langt mit einem langen Löffel in Lillys Schüssel. Auch Egon und Jule und Leo und alle Erwachsenen probieren, und ihre Münder verziehen sich dabei zu einem verträumten Lächeln – genau so, wie Lilly es sich vorgestellt hatte.

»Ich glaube, ich weiß, wer den Erdbeerpreis gewinnt!«, ruft Egons Vater, und Frau Gerber und Jule lachen und drücken Lilly zwei saftige Küsse auf beide Wangen.

Selber machen

Für die Quarkspeise mit Erdbeeren brauchst du
500 Gramm Erdbeeren,
1000 Gramm Magerquark,
1 Becher Sahne und 4 Esslöffel Zucker.

Die Erdbeeren gut waschen und auf einem sauberen Geschirrtuch trocknen lassen. Die Stängel und Blätter abzupfen und die Beeren klein schneiden. Die Beerenstückchen mit einem Esslöffel Zucker verrühren und in einer Schüssel in den Kühlschrank stellen. Jetzt kannst du die Sahne in eine Rührschüssel schütten. Rühre sie mit dem Mixer steif, und gib drei Esslöffel Zucker dazu. Dann den Quark und die Sahne ganz vorsichtig mit dem Schneebesen zu einer lockeren Creme verrühren.
Die Erdbeeren aus dem Kühlschrank in eine Glasschüssel geben und die Creme darauf verteilen. Wenn du magst, kannst du Erdbeeren und Quark ein wenig miteinander verrühren – das sieht toll aus und schmeckt auch so!

Ein Mittel gegen Husten

Quentin hustet. Schon seit gestern. Und er hustet so stark, dass sein Gesicht ganz rot wird unter der weißen Mütze.

»Wir müssen mit Quentin zum Arzt«, sagt Mama. »Kommst du mit, Lisa?«

»Klar, mach ich.«

Mit Quentin hat Mama immer alle Hände voll. Er ist ja erst drei, und Mama muss ihn oft tragen, wenn er krank ist. Dazu kommen noch die Tasche und sein Teddy. Da ist es gut, wenn ich beim Arzt dabei bin.

Im Wartezimmer ist es zum Glück nicht so voll, und wir kommen ganz schnell dran.

Die Ärztin klopft an Quentins Brust und horcht ihn mit dem Stethoskop ab. »Und jetzt mach mal den Mund ganz weit auf«, sagt sie. Aber Quentin hat keine Lust und macht seinen Mund ganz fest zu.

Die Ärztin zieht eine Schublade auf

und nimmt ein Glas Honig heraus. Sie schraubt es auf und nimmt mit einem Holzstäbchen ein bisschen heraus. »Schau mal, was ich hier für dich habe.«

Quentin freut sich. Honig kennt er. Den kriegt er manchmal aufs Brot. Er schließt die Augen und macht den Mund auf. »Aha!« Die Ärztin leuchtet schnell mit einer Lampe in Quentins Mund. Dann bekommt Quentin das Holzstäbchen zum Ablecken. Er schüttelt sich ein wenig, so süß ist der Honig.

»Alles in Ordnung«, sagt die Ärztin und schreibt ein Rezept aus.

»Nehmen Sie Hustensaft und zusätzlich Honig. Am besten Lindenblütenhonig, der löst den Schleim. Morgens und abends einen kleinen Teelöffel.«

Mama und ich gehen in den Bioladen, um den Honig zu kaufen. Und weil Quentin gerade wieder husten muss, kümmere ich mich um den Honig. Der Verkäufer zeigt mir das Regal mit den verschiedenen Honigsorten. Ich lese die Aufschrift auf den Etiketten: Akazienhonig, Waldhonig, Rapshonig, Heidehonig und Kastanienhonig. In allen Gläsern schimmert es in den unterschiedlichsten Farbtönen, von Grün bis Ocker, von Sonnengelb bis Orange. »Hier ist der Lindenblütenhonig«, sagt der Verkäufer und gibt mir ein Glas mit hellgelbem Honig drin. »Vorsicht, der ist besonders kostbar.«

Ich halte das Glas mit beiden Händen fest. »Warum hat Honig denn so viele verschiedene Farben?«, frage ich.

»Weil die Bienen Nektar aus verschiedenen Pflanzen ernten. Für Lindenblütenhonig fliegen sie zu den Blüten der Lindenbäume. Den Sonnenblumenhonig holen sie von Sonnenblumen und Akazienhonig aus den Blüten der Robinienbäume. Die unterschiedlichen Nektararten machen die unterschiedlichen Farben des Honigs aus.«

Ich nicke. »Aber wie weiß denn die Biene, zu welcher Blüte sie gerade fliegen soll?«

»Ähm«, macht der Verkäufer und räuspert sich. »Das weiß ich leider auch nicht genau. Aber wenn es dich interessiert, dann frag einfach Frau Meyer. Sie ist die Imkerin von dem Honig. Ihre Adresse und Telefonnummer stehen hier auf dem Etikett.«

»Toll, vielen Dank!«, sage ich.

Zu Hause erzähle ich Mama von Frau Meyer. Mama hebt das Honigglas vor die Augen und entziffert die Aufschrift. »Du hast Glück. Frau

Meyer wohnt hier ganz in der Nähe.« Aber dann runzelt Mama ihre Stirn. »Stadthonig«, liest sie murmelnd weiter. »Das kann doch nicht gesund sein.« Mama greift zum Telefon und wählt die Nummer von Frau Meyer.

»Warum kann Stadthonig nicht gesund sein?«, frage ich Mama.

»Na, wegen der ganzen Autoabgase und der Umweltverschmutzung. In der Stadt ist doch alles dreckig. Aus Blumen, die in der Stadt wachsen, kann doch kein gesunder Honig kommen.«

Es klickt im Telefon, und dann meldet sich Frau Meyer.

Mama erzählt ihr, dass wir ihren Honig gekauft haben und dass sie sehr in Sorge wäre, ob er auch gesund sei. Dann stellt Mama das Telefon laut, und ich kann mithören, was Frau Meyer erklärt. Der Stadthonig ist wirklich sauber. In der Stadt nehmen Bienen viel weniger Gift in sich auf als auf dem Land, wo die meisten Bauern chemischen Dünger und Insektengift verwenden. Mama ist beruhigt und gibt mir den Hörer. Als Frau Meyer hört, dass ich etwas über Bienen erfahren möchte, freut sie sich.

»Morgen Vormittag besuche ich meine Bienenstöcke in der Bergstraße, da kannst du gern mitkommen.«

»Da gibt's Bienenstöcke?«, frage ich verwirrt. »Die hab ich ja noch nie gesehen!«

»Na, dann wird's aber Zeit, dass du meine Bienen kennenlernst.«

Das ist nett, dass Frau Meyer mich mitnehmen will. Aber zugleich bekomme ich auch ein wenig Angst. Bienen sind doch gefährlich. Was ist, wenn sie mich stechen? »Keine Angst, Lisa«, sagt Frau Meyer. »Ich bringe Schutzkleidung für dich mit. Da kann dir gar nichts passieren.«

Frau Meyer wartet am nächsten Tag vor dem Bioladen auf mich. Sie hat eine lustige blonde Strubbelfrisur und einen Mund, der ständig lacht. Wir fahren nur ein kurzes Stück, bis wir zur Bergstraße kommen, dann geht es noch eine ganze Weile geradeaus bis zur nächsten Kreuzung. Frau Meyer hält auf dem Parkplatz eines großen Bürogebäudes.

Ich steige aus und halte nach den Bienen Ausschau. Wo mögen die wohl sein? Vielleicht zwischen den Autos?

»Nein, die Bienenstöcke sind nicht hier unten auf der Straße. Das wäre wirklich zu gefährlich für die Menschen, die in den Häusern arbeiten und leben«, erklärt Frau Meyer.

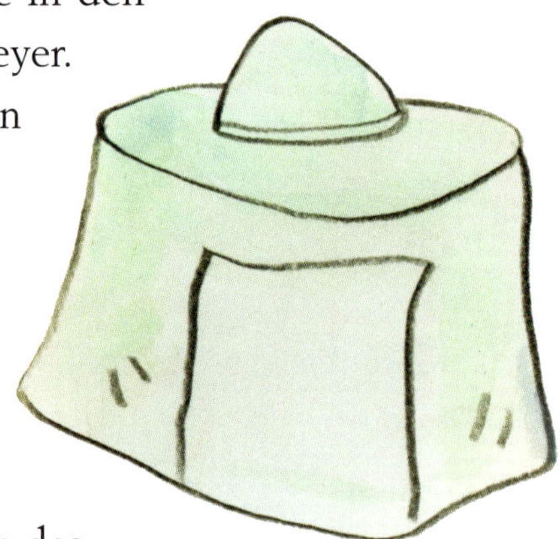

»Komm, hilf mir mal mit dem Koffer. Darin sind die Bienenschleier.« Was ein Bienenschleier ist, zeigt mir Frau Meyer im Fahrstuhl des Bürohochhauses. Es ist ein weißer Hut mit einer breiten Krempe, an dem ringsherum ein Netz herunterhängt. Als Frau Meyer mir den Imkerhut aufsetzt, fühle ich mich geschützt wie in einem Zelt. »Durch das Netz kannst du durchgucken, aber für die Bienen sind die Maschen zu eng, da kommt keine einzige durch.« Frau Meyer gibt mir Handschuhe.

»Mit denen und mit dem Schleier bist du prima vor Bienenstichen geschützt. Aber eigentlich sind Bienen ganz sanftmütige Tiere. Sie sind viel zu sehr mit ihrer Arbeit beschäftigt, um ans Stechen zu denken. So, wir sind da!«

Die Lifttür geht auf, und wir stehen in einem düsteren Treppenhaus aus Beton. Frau Meyer schaltet das Neonlicht an. Ich kann nicht glauben, dass hier irgendwo Bienen leben. Vielleicht hat Frau Meyer sich einen Scherz erlaubt?

Grinsend setzt Frau Meyer sich ihren Imkerhut auf. Dann steigt sie die enge Treppe zu der Metalltür hoch und schließt auf. Sofort saust uns ein starker Windstoß um die Ohren. Frau Meyer nimmt meine Hand und führt mich hinaus. Das ist ja fantastisch! Wir sind mitten auf dem Dach des Hochhauses. Über uns sausen die Wolken dahin, und den blauen Himmel dahinter kann ich fast mit der Hand berühren. Beinahe über die ganze Stadt kann ich von hier aus gucken: Türme, Dächer, Straßen, Parks, alles sieht winzig klein aus von hier oben. Ich halte meinen Hut fest, damit er mir nicht wegfliegt. Herrlich ist das hier oben! Man fühlt sich frei, als könnte man selber fliegen. Und dann höre ich es auch schon, das Summen und Brummen der Bienen. Die Bienenstöcke stehen in einem geschützten Winkel an der hohen Brüstung, die das flache Bürohausdach umgibt. Die Stöcke haben unterschiedliche Farben, und unten sind Schlitze, aus denen die Bienen ständig aus und ein fliegen.

»Ungefähr sechzigtausend Bienen wohnen in einem Stock«, erklärt mir Frau Meyer. An den Schlitzen ist so ein Gedränge, dass alles ganz dunkel ist vor lauter Bienen. Und manche kommen so schnell angeflogen, dass sie den Schlitz verpassen, am Holz abprallen und in der Luft einen Salto schlagen, bevor sie zurück in den Stock krabbeln.

»Der Bienenstock ist für die Bienen wie ein Hochhaus, in dem sie leben und arbeiten. Sie fliegen raus in die vielen Parks und Wiesen, die es hier rundherum gibt, und holen Nektar. Den saugen sie mit ihrem Rüssel aus den Blumen. In ihrem Magen machen die Bienen aus dem Saft dann Honig. Den bringen sie in den Bienenstock und spucken ihn in die Honigwaben, damit sie auch im Winter was zu fressen haben.«

Klar, das weiß ich schon. Die Bienen legen sich mit dem Honig einen Notvorrat für den Winter an, weil es ja in der kalten Jahreszeit keine Blüten gibt und sie sonst verhungern müssten.

Frau Meyer öffnet nun den Deckel eines Bienenstocks. Das ist vielleicht ein Geschwirre und Gesumme. Alle Bienen krabbeln und kriechen und klettern übereinander, manche sind sogar ineinander verhakt.

Wie eine dicke Schicht dunkler Samt sieht das aus. Jetzt zieht Frau Meyer einen Holzrahmen heraus. »Siehst du, wenn die Waben voll mit Honig sind, verschließen die Bienen sie mit Wachs, damit der Honig darin sauber bleibt.«

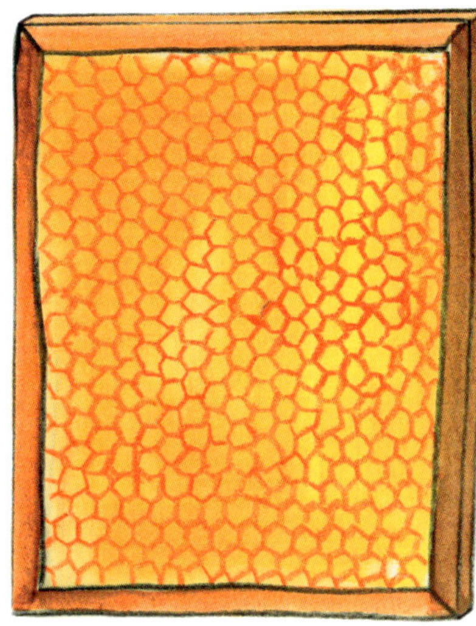

»Und woher haben die Bienen das Wachs?«

Ich kann durch den Imkerschleier sehen, wie Frau Meyer lächelt. »Das Wachs machen die Bienen selbst. Und das ist längst nicht alles, was Bienen können.«

»Was können die denn noch?«

»Na, zum Beispiel sprechen! In der Bienensprache. Das ist ein Tanz, bei dem die Bienen einander durch bestimmte Bewegungen mitteilen können, wo es gute Blüten gibt. Wenn eine Biene da unten im Park eine Löwenzahnwiese findet, kann sie das den anderen Bienen sagen, und die fliegen dann auch dahin.«

»Super!«

Was die Bienen alles können! Aber sie tun mir auch ein bisschen leid.

»Eigentlich ist es doch unfair, dass die Bienen den ganzen Honig sammeln und die Menschen einfach kommen und ihn wegnehmen.«

Frau Meyer steckt den Rahmen mit den Waben wieder zurück in den Bienenstock.

»Das stimmt zum Teil. Aber wir Imker nehmen immer nur einen Teil vom Honig. Den Bienen bleibt genug übrig. Und im Winter füttern wir die Bienen mit Zuckerwasser. Das schmeckt ihnen und ist auch viel besser verdaulich als Honig.«

Frau Meyer schaut nach, ob auch bei den anderen Bienenstöcken alles in Ordnung ist. Auf dem Rückweg erklärt sie mir, wie sie Lindenblütenhonig macht. »Dazu packe ich ein paar Bienenstöcke ins Auto und bringe sie in einen Park oder in die Nähe einer Allee, in der es viele Linden gibt. Dort bleiben die Bienen während der ganzen Blütezeit und sammeln Nektar von den Lindenbäumen.«

»Was fressen Bienen, wenn es keine Lindenblüten gibt?«, will ich wissen.

»Dann ernten sie Pollen und Nektar von Blumen. Viele Leute legen in ihren Hinterhöfen Gärten an, weil sie gern mehr Grün in der Stadt haben wollen. Oder sie säen Blumensamen in ihren Balkonkästen aus, damit die Bienen genug Nektar finden.«

Als ich abends aus dem Fenster gucke, sehe ich das große Bürohochhaus. Ich finde es toll, dass die Bienen da oben wohnen. Wir haben zwar keinen Balkon, aber auf mein Fensterbrett passt gut ein Blumenkasten. Und da hinein pflanze ich jetzt Blumen, damit die Bienen mich auch mal besuchen kommen.

Ach ja. Quentins Husten ist schon viel besser geworden. Abends nehme ich vorsichtshalber auch einen kleinen Löffel Lindenblütenhonig. Hm, das schmeckt!

Wissensecke

Honig schmeckt nicht nur wunderbar, er ist auch ein Heilmittel. Du kannst Honig essen, wenn du Husten hast. Falls du eine Wunde hast, die schlecht heilt, kannst du dir in der Apotheke Honigpflaster und Honigverbände kaufen. Seit vielen Hundert Jahren verwenden die Menschen Honig als Medizin.

Honig ist süßer und auch viel gesünder als Zucker, denn er enthält Vitamine und Mineralien, die für den Körper wichtig sind.
Ein Heilmittel aus Honig, das du selbst unbedingt ausprobieren solltest, ist warme Milch mit Honig. Das hilft, wenn du mal nicht schlafen kannst. Aber Achtung: Die Milch darf nicht heiß sein, wenn du den Honig hineinrührst. Wenn Honig über vierzig Grad Celsius erhitzt wird, verliert er seine wichtigen Inhaltsstoffe. Dann schmeckt er zwar noch süß, ist aber nicht gesünder als Zucker.
Und auch ganz wichtig: Kinder, die jünger sind als ein Jahr, dürfen keinen Honig essen.

Die Kuh macht Muh – wer macht die Milch?

»Wie heißt du?«, fragt die Kleine jetzt zum tausendsten Mal.

»Le-o!«, antworte ich.

Das verrückte Mädchen wohnt hier im Ort, und sie nervt. Dabei sagt Mama ständig: »Warum spielst du nicht mit Fiene? Sie kennt sich hier aus und kann dir sicher was zeigen.«

Was soll mir die kleine Runkelrübe schon zeigen, die geht noch nicht mal zur Schule.

Dieser Urlaub ist einfach der totale Flop. Papa geht jeden Tag zum Mountainbikefahren, und Mama macht ausgedehnte Walking-Touren. Danach liegt sie auf der Campingliege hinterm Haus und telefoniert. Ich finde es hier langweilig, und es stinkt. Das kommt vom Bauernhof. Der hat jede Menge Tiere. Die interessieren mich aber nicht.

Dong – linker Fuß. Dong – rechter Fuß. Dong – wieder links, und immer gegen die Schuppentür. Den ganzen Nachmittag fällt mir nichts Besseres ein, als am Parkplatz rumzubolzen. Fiene guckt mir dabei zu. Schon seit genau drei Tagen.

»Du? Wie heißt du?« Fiene grinst, als ich mich umdrehe. Ich gucke weg. Dong – links, dong – rechts. Die Schuppentür hat schon lauter kreisförmige Flecken.

»Kommst du mit? Ich zeig dir was. Du brauchst keine Angst zu haben. Lena hat auch keine Angst.«

Fiene hält mir ihre Puppe direkt vors Gesicht.

»Mensch, Kleine! Lass mich in Ruhe!«

»Komm.« Sie nimmt meine Hand und zieht daran. »Der Bauer Lafer hat eine Kuh, die ist lila. Von den Hörnern bis zu den Hufen. Und lila Milch gibt sie auch.«

»So ein Quatsch. Es gibt keine lila Kühe und auch keine lila Milch.«

»Doch. Die Kuh heißt Milli, und sie kommt sogar im Fernsehen.«

»Ja, in der Schokoladenwerbung. Aber das ist doch Quatsch, das ist doch nicht echt, was die zeigen.«

Fiene grinst. Ihre Hand liegt in meiner und fühlt sich warm und weich an wie ein Kätzchen. Fiene hüpft auf dem Sandweg neben mir her und biegt dann in die Allee mit den dicken Bäumen ein, die zum Bauernhof führt.

»Milli gibt lila Milch, weil sie nichts anderes frisst als Enzian«, sagt Fiene und kichert. »Enzian ist eine lila Blume, die hoch oben in den Bergen wächst. Die färbt alles lila. Erst die Kuhzunge, dann die ganze Kuh und dann auch ihre Milch.« Fiene bemüht sich, ganz ernst zu gucken. Aber ihr linkes Auge zuckt, und daran merke ich ganz genau, dass sie mich veräppelt. »Und die Kuh Nora, die gibt oft grüne Milch, weil sie nur dicke Grasbüschel und Klee frisst und nichts anderes.«

Also, das regt mich jetzt wirklich auf. So viel Blödsinn auf einmal hab ich ja noch nie gehört.

»Milch ist weiß und basta. Sie ist niemals lila oder grün, weil ..., weil ...«

Ja, warum eigentlich? Warum ist Milch nicht lila vom Enzian, grün vom Gras oder gelb von Karotten?

Fiene lacht. »Du weißt doch gar nicht, wo die Milch herkommt, stimmt's?«

»Jetzt reicht's mir«, gifte ich zurück. »Natürlich weiß ich, wo die Milch herkommt. Das weiß doch schließlich jedes Baby. Milch kommt von Kühen. Von denen da, zum Beispiel!«

Ich zeige auf die vielen Kühe, die auf der Wiese grasen. Braun-weiß gefleckte Tiere mit langen Hörnern und weichen Mäuler. Sie kauen friedlich und schauen mit ihren großen, gutmütigen Augen herüber.

Fiene grinst bis über beide Ohren. »Und du glaubst wirklich, dass die Milch von denen da kommt?«

»Ich glaub es nicht nur, ich weiß es«, gebe ich zurück und laufe zum Zaun hinüber.

»Traust du dich, die zu streicheln?«

»Klar!« Ich strecke den Arm durch den Holzzaun. Ein Tier mit einem krumm gewachsenen Horn trabt schwerfällig auf mich zu. Es leckt mit seiner großen, rauen Zunge an meiner Hand. Das fühlt sich zwar eklig nass an, aber ich tue so, als würde mir das nichts ausmachen. Diese Fiene soll bloß nicht denken, ich hätte noch nie eine Kuh gestreichelt.

»Brave Kuh, na komm.« Dann kraule ich die Kuh zwischen den Hörnern.

Fiene zieht ihre Puppe an den Armen hoch und guckt mich an. Dann presst sie sich plötzlich die Hand vor den Mund und prustet los.

»He, was ist denn jetzt wieder los?«

»Mensch, Leo, das sind doch keine Kühe. Das sind Ochsen. Die geben keine Milch. Die haben doch gar keine Euter.«

Ich bücke mich und gucke unter dem Zaun durch. Stimmt. Die Tiere haben alle keinen Euter. Und Rinder ohne Euter, das sind die Männer, die heißen Stiere, Bullen oder Ochsen. Nur die mit Eutern dran heißen Kühe. Und die geben die Milch. Und da fällt es mir ja auch prompt wieder ein: Milch geben nur die Mutterkühe. Die Milch ist Nahrung für ihre Babys, die Kälber. Genau wie bei den Menschen. Wenn eine Frau ein Baby bekommt, schießt Milch in ihre Brüste, damit das Baby trinken kann. Bei den Kühen ist das ähnlich.

»Und die Kühe und die Kälber, wo sind die denn?«, will ich wissen.

»Na, da!« Fiene hält ihre Puppe hoch und streckt deren rechten Stoffarm in Richtung Teich. Da drüben ist noch eine Weide. Aber die ist leer. Die Kleine hört einfach nicht auf, mich zu veräppeln.

»Da drüben sind doch gar keine Kühe«, sage ich wütend.

Fiene streckt mir den Arm ihrer Puppe hin, damit ich sie an der Hand fassen kann.

»Das da drüben ist unsere Kuhweide. Nur dass die Kühe jetzt grade nicht da sind.«

Wir gehen über den gepflasterten Hof auf ein großes Gebäude zu.

»Und wo sind die Kühe? In Urlaub gefahren, oder was?«

Fiene kichert. »Genau. Die machen mal Pause. Da drin.«

Sie läuft auf die grün gestrichene Holztür zu und zieht sie auf. Der große Raum ist hell mit Neonlicht ausgeleuchtet, und fünf Kühe stehen im Kreis in Metallgitterboxen. In jeder der Boxen sind Behälter mit Körnern drin, und die Kühe fressen gemütlich vor sich hin. Alle haben unten an ihren Eutern silberne Melkbecher hängen.

»Beim Melken kriegen unsere Kühe immer was zu fressen.«

»Und warum melkt ihr die Kühe nicht mit der Hand?«

Fiene tippt sich an die Stirn. »Spinnst du? Bei siebzig Kühen, das möchte ich mal sehen. Da wäre mein Papa ja den ganzen Tag mit Melken beschäftigt.«

Fiene winkt einem Mann in blauem Arbeitsoverall und Stiefeln, der unterhalb der Kühe im Melkstand steht. So ist er genau auf Augenhöhe mit den Eutern der Tiere und muss sich beim Melken nicht bücken. Fiene zieht mich über die kleine Metalltreppe mit zu ihm hinunter.

»Hallo, Papa. Das ist Leo. Er will wissen, wie Kühe gemolken werden. Ich zeig's ihm, ja?«

So läuft das also. Die freche Tröte ist die Tochter vom Biobauern Lafer. Jetzt geht oben eine Hydrauliktür auf. Die gemolkene Kuh geht raus, und eine neue Kuh kommt rein. Ganz rot und prall ist ihr Euter, und die Adern daran treten dunkel hervor.

Fiene zupft eine Handvoll Holzwolle aus einem Plastikbottich. »Siehst du? Mein Vater macht erst mit warmem Wasser und Holzwolle das Euter ganz vorsichtig sauber. Das mögen die Kühe, weil dann die Milch ins Euter schießt und das Melken leichter geht. Außerdem soll ja kein Dreck vom Euter in die Milch kommen.«

Fienes Vater hält jetzt einen kleinen Eimer unter das Euter und melkt mit der anderen Hand aus allen vier Zitzen einen dicken Strahl Milch heraus.

»Das macht er, um sicher zu sein,

dass die Milch in Ordnung ist. Wenn die Milch gelb ist und flockt, ist die Kuh krank, und man kann die Milch nicht verwenden.«

»Aha!«, murmle ich und schaue zu, wie der Bauer den Eimer wegstellt und der Kuh die vier Saugglocken der Melkmaschine an die Zitzen hängt. Die Kuh lässt alles völlig ruhig mit sich geschehen. Ich glaube sogar, dass sie ganz schön froh ist, wenn ihr volles Euter leer gepumpt wird und sie nicht mehr so viel schwere Milch mit sich herumschleppen muss.

»Rate mal, wie viele Packungen Milch eine Kuh am Tag gibt!«

Eine Kuh …, wie viele Liter Milch? Hm. Ich denke angestrengt nach.

»Vielleicht vier oder fünf Packungen.«

Fienes Papa grinst stolz. »Zwanzig Liter Milch gibt eine Kuh. Und da bleibt für die Kälber immer noch genug übrig.«

Stimmt, die Kälber! Die hatte ich ja schon ganz vergessen. Aber wo sind die denn eigentlich?

»Die Kälber sind drüben im Kälberstall. Die kommen nicht in den Melkstand. Das gäbe viel zu viel Aufregung, wenn die hier alle rumrennen«, erklärt mir Fiene.

Ich sehe zu, wie die Milch durch einen durchsichtigen Plastikschlauch in einen kleinen Sammeltank fließt. »Dieser Tank ist nur zur Kontrolle. Der große Milchtank ist nebenan. Der ist aus Edelstahl, und darin wird die Milch auch gleich heruntergekühlt, wie im Kühlschrank.«

Wieder geht oben das Hydraulikgatter auf, und die Kühe wechseln. Mann, das hätte ich nicht gedacht, dass Kühe so fleißig sind, wo die doch den ganzen Tag bloß rumstehen und fressen.

Fienes Vater reibt das Euter sauber. »Na, willst du es mal probieren?«

Ich merke, wie meine Wangen heiß werden. Aber da hat er mich schon hochgehoben, und ich fasse ans Euter. Weich und warm fühlt es sich an. Doch Milch kommt keine raus, wenn ich dran ziehe. Die Kuh stampft unruhig mit den Hinterbeinen.

»Mach dir nichts draus. Melken ist ganz schön schwierig, das muss man üben.« Der Bauer stellt mich wieder auf den Boden. »Aber Fiene kann es schon recht gut. Sicher zeigt sie's dir, wenn du morgen wiederkommst.«

Fiene grinst mich an, und ich nicke. Kühe melken! Klasse. Und ob ich morgen wiederkomme. Irgendwie ist dieser Urlaub doch gar nicht so schlecht!

Wissensecke

Wie alle Lebewesen müssen Kühe etwas fressen, wenn sie am Leben bleiben und nicht verhungern wollen. Kühe fressen frisches oder getrocknetes Gras (Heu) oder Silage – das ist Sauerkraut aus Gras. Kühe fressen auch noch eine Menge anderer Dinge. Sie lieben Klee, bestimmte Kräuter, Kartoffeln und auch Hafer.

Die Nährstoffe, die eine Kuh durch ihre Nahrung zu sich nimmt, werden aber nicht direkt in Milch umgewandelt. Deshalb hat die Farbe der Milch nichts damit zu tun, was die Kuh vorher gefressen hat. In den Gedärmen der Kuh wird das Gras verdaut und aufgespalten. Diese Nährstoffe sind die Ausgangsbasis für die Milch. Sie werden durch das Blut in die Euter transportiert. Die Milch wird in den winzig kleinen Milchbläschen gebildet, die im Euter sind. Die Milchbläschen heißen Alveolen. Aus den Alveolen fließt die Milch durch verschiedene kleine und große Gänge in einen Hohlraum und wird da gesammelt. Aber erst wenn ein Kalb an der Zitze nuckelt, wenn der Bauer mit der Hand melkt oder wenn die Melkbecher angeschlossen werden, fließt die Milch aus dem Euter.

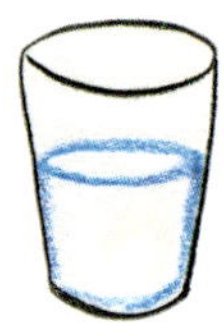

Lasse und der weiße Käse

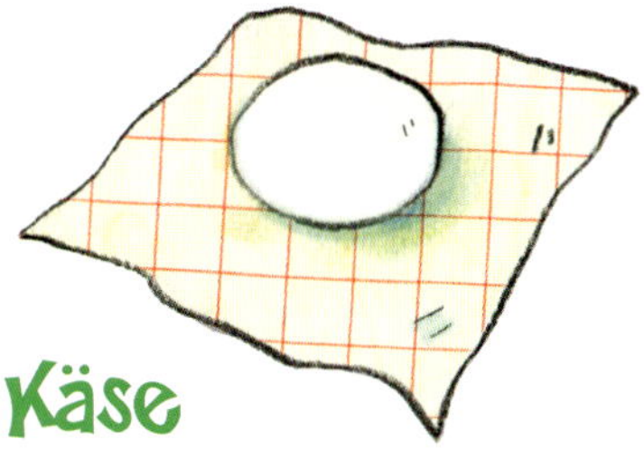

Lasse sitzt am Frühstückstisch und lässt den Kopf hängen. Eine Scheibe Toastbrot liegt vor ihm auf dem weißen Teller. Drum herum ein paar winzige Krümel, aber sonst nichts. Rein gar nichts.

»Und warum gibt's keinen Käse?« Lasses Stimme klingt vor Enttäuschung ganz dünn. Karin verstreicht schnell etwas Butter auf Lasses Toast, und Sandra legt eine Tomatenscheibe drauf.

Karin ist Lasses Tante, und Sandra ist seine Cousine. Sandra hat ein neues Kettcar bekommen, und deshalb hat sie Lasse eingeladen. Damit sie das Kettcar zusammen ausprobieren können, darf Lasse eine ganze Woche lang zu Besuch bleiben. Aber der Start in die Woche, auf die Lasse sich so gefreut hat, läuft gar nicht gut. Lasse konnte nicht richtig schlafen auf der Luftmatratze in Sandras Zimmer. Die Matratze hat ein kleines Loch, durch das die Luft rausgegangen ist, und sie macht komische Geräusche. Lasse lag also die halbe Nacht mit offenen Augen da, hatte ein mulmiges Gefühl und bekam schließlich Heimweh. Und jetzt gibt es noch nicht mal Käse zum Frühstück. Das ist schlimm, weil Lasse Käse so gerne mag.

»Möchtest du vielleicht ein Honigbrot oder eines mit Nussmus, Lasse? Wir haben ganz tolles Nussmus.«

Lasse schüttelt den Kopf.

»Ein Müsli! Vielleicht willst du Müsli?«

»Ich mag nichts Süßes«, sagt Lasse. »Ich will weißen Käse.«

»Lasse, das tut mir leid. Wenn ich gewusst hätte, dass du so gern Käse isst, hätte ich natürlich welchen gekauft.« Karins weiche Hand streichelt die von Lasse. Die Tränen bilden jetzt in Lasses Augenwinkeln dicke Tropfen. Einer davon kullert auf Lasses Wange, und von dort platscht er auf den weißen Tellerrand.

Lasse wischt die Träne schnell mit dem Finger weg. Karin und Sandra haben sie wahrscheinlich längst gesehen. Das ist Lasse furchtbar peinlich, dass er jetzt dasitzt und heult wie ein Baby, bloß weil es keinen Käse zum Frühstück gibt. Aber natürlich ist es gar nicht wegen dem Käse. Es ist vor allem, weil Lasse heute Morgen ohne Papa aufgewacht ist. Und obwohl Lasse schon fünf ist und auch ganz schön groß, fällt es ihm ein bisschen schwer, ohne Papa aufzuwachen.

»Weißt du was?«, sagt Karin. »In fünf Minuten macht unten der Supermarkt auf. Wir gehen alle zusammen runter und holen Käse. Und dann setzen wir uns wieder hin und frühstücken weiter.«

Lasse presst den Mund zusammen und nickt.

Nur ein paar Minuten später stehen alle drei vor dem Supermarkt. Es regnet. Sandra hält Lasse den leeren Einkaufskorb über den Kopf. »Was meinst du, Lasse? Wir ziehen uns nach dem Frühstück unsere Regenjacken an und fahren trotzdem ein bisschen mit dem Kettcar.«

»Gute Idee«, findet Karin. »Kalt ist es ja nicht.«

Da kommt ein Verkäufer in weißem Kittel und sperrt den Supermarkt auf.

»Aber zuerst essen wir richtig guten Käse zum Frühstück.« Karin stürmt entschlossen in den Laden. Sandra zieht einen Einkaufswagen aus der langen Schlange und rollert damit hinter Lasse und Karin auf das Kühlregal zu.

»Wie heißt denn dein Käse?«, will Karin wissen.

»Mozzerrolla«, murmelt Lasse.

Karin wühlt in den Pappkartons, die ganz unten stehen. Lasse hilft ihr. Es gibt viereckigen und dreieckigen Käse und Käse in Scheiben, Käse in großen gelben Stücken mit Löchern drin und grünen Käse mit Kräutern. Aber den Käse, den Lasse so gerne mag, den kleinen, kugeligen in der Plastiktüte, den gibt es nicht.

Karin winkt dem Verkäufer. »Entschuldigung! Haben Sie Mozzarella?«

»Eigentlich haben wir den. Aber scheinbar ist er bei der letzten Lieferung nicht dabei gewesen«, meint der Verkäufer.

Karin runzelt die Stirn. »Was soll das heißen, der Käse war nicht dabei?«

Lasse ist das unangenehm, dass Karin den Verkäufer so anpfeift. Alles seinetwegen. So wichtig ist der Käse nun auch wieder nicht. Und wenn Lasse sich das genau überlegt, kann er zum Frühstück auch Tomatenbrot essen.

»Wir können doch zum Großmarkt fahren«, schlägt Sandra vor. »Vielleicht gibt es da den Käse.«

»Stimmt«, meint Karin. »Aber das dauert eine halbe Stunde, bis wir da sind, und wir müssen erst das Auto holen.«

»Ich möchte nicht zum Großmarkt«, sagt Lasse. »Ich will lieber Kettcar fahren.« Lasse findet es ganz lieb, dass Karin und Sandra unbedingt für ihn Käse kaufen wollen. Aber dafür den halben Tag im Auto zu sitzen, lohnt sich nun wirklich nicht. Karin überlegt einen Moment. Dann schnippt sie mit den Fingern.

»Ich glaub, ich hab eine Idee. Wir machen den Käse einfach selber.«

»Kann man Käse selber machen?« Sandra kann das nicht richtig glauben.

»Na klar!«, sagt Karin.

»Aus Milch«, weiß Lasse. »Käse wird aus Milch gemacht.« Aber wie das genau geht, davon hat er keine Ahnung.

»Wir brauchen Milch und Zitrone«, erklärt Karin.

Lasse und Sandra stellen je eine Packung Milch in den Einkaufswagen. Karin legt die Zitrone dazu. »Meine Großmutter hat mir mal gezeigt, wie man Käse macht. Früher haben die meisten Leute auf dem Land ihren Käse selbst gemacht.«

»Ist das schwierig?«, will Lasse wissen.

»Nicht schwierig, aber man braucht etwas Geduld. Kommt, jetzt müssen wir noch in die Apotheke, Labtabletten kaufen.«

Auf dem Weg dahin erklärt Karin, was Labtabletten sind. Kälber und Lämmer haben in ihrem Magen einen bestimmten Stoff, das Lab. Und das sorgt dafür, dass die Milch, die die Kälber und Lämmer trinken, in ihrem Magen schön dick und mollig, aber nicht sauer wird. Und genau dieses Lab braucht man bei der Käseherstellung.

Zu Hause wirft Karin eine von den Labtabletten in ein großes Wasserglas und rührt um, bis sich die Tablette aufgelöst hat. Lasse presst mit der Zitronenpresse den Saft aus den Zitronenhälften. Dann warten alle drei, bis die Milch in Karins großem Kochtopf warm wird. Das dauert ganz schön lange.

»Wir müssen die Milch ganz langsam warm machen, weil sie leicht anbrennt«, erklärt Karin und hält ein Fieberthermometer in die Milch. Damit prüft sie die Temperatur. Als die Milch genau vierzig Grad warm ist, schütten Lasse und Sandra den Zitronensaft und das Wasser mit der Labtablette dazu. Karin gibt noch ein wenig Salz und Pfeffer hinein, damit der Käse später würzig schmeckt.

»Oje, das wird ja ganz krümelig da drin«, stellt Sandra fest. Und wirklich: Die Milch sieht plötzlich nicht mehr cremig und weiß aus, sondern bröckelig und trübe.

»Die Säure in der Zitrone macht, dass die Milch sich in ihre Bestandteile auflöst«, erklärt Karin. »In Wasser, Fett und in Eiweiß. Das nennt man ausflocken.«

Karin rührt vorsichtig mit dem langen Holzkochlöffel durch die dicke Brühe. »Das trübe Wasser, das übrig bleibt, das nennt man Molke. Es schmeckt ganz hervorragend.«

»Ihh, das sieht eklig aus!«, findet Sandra. »Ich trink das garantiert nicht.«

»Wart's ab!«, meint Karin. »Jedenfalls ist es sehr gesund, und vermischt mit kaltem Fruchtsaft schmeckt es besser als Limonade.«

Lasse sieht gespannt zu. Er ist sicher, dass er die Molke probieren will. Schließlich liebt er ja Käse. Und warum sollte etwas anderes, das auch aus Milch ist, nicht so gut schmecken?

»Jetzt muss man eigentlich nur noch rühren. Willst du mal?« Karin gibt Lasse den Kochlöffel. Vorsichtig stochert er in der glibberigen Masse. Wie daraus mal Käse werden soll, kann er sich aber nicht vorstellen.

»Vielleicht muss man so lange rühren, bis das ganze Wasser aus der Milch verkocht ist?«, rätselt Sandra.

»Nein, die Milch darf auf keinen Fall kochen«, sagt Karin und schaltet den Herd runter.

»Du kannst mit dem Rühren eine Pause machen.« Karin setzt den Deckel auf den Topf. »Jetzt müssen wir eine Stunde warten. So lange dauert es, bis sich die Käsemasse endgültig vom Wasser trennt. Aber in der Zwischenzeit könnt ihr mir helfen, ein großes Sieb zu bauen, durch das wir den Käse abgießen.«

Sandra zieht die Küchenschublade auf und holt ein Nudelsieb heraus. »Warum nehmen wir nicht einfach das?«

»Gut gedacht, Sandra. Aber wir brauchen ein Sieb mit ganz feinen Maschen, damit wirklich nur die Molke abfließt und der Käse gesammelt wird.«

»Ich weiß was!«, ruft Lasse. »Wir brauchen ein Taschentuch.«

»Ganz genau!« Karin lacht. »Aber ein so großes Taschentuch hab ich gar nicht. Wir nehmen einfach ein sauberes Geschirrtuch.«

Karin stellt eine Plastikschüssel ins Spülbecken. »Darin fangen wir die Molke auf, weil wir die ja noch trinken wollen.« Dann hilft sie Lasse und Sandra, ein großes Geschirrtuch zu finden. Karin nimmt den Deckel vom Kochtopf. Die Milch ist jetzt zu einer festen Masse geronnen. Karin schneidet die Masse mit einem langen Messer in kleine Stücke.

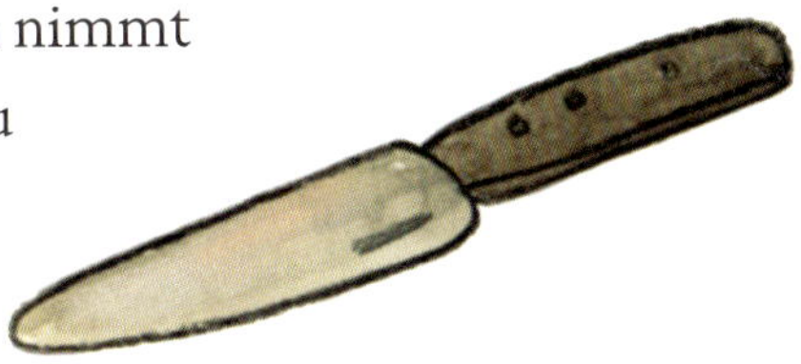

Dann nehmen Sandra und Lasse jeweils zwei Geschirrtuchzipfel in die Hände und ziehen es auseinander, bis es spannt. So halten sie das Tuch über die Plastikschüssel. Karin nimmt den Topf vom Herd und kippt den Inhalt ganz vorsichtig und langsam in das Tuch.

»Die Käsekrümel bleiben im Tuch, und die Molke fließt durch«, stellt Lasse fest.

»Genau! Und die Käsemasse hängen wir jetzt im Tuch an das Küchenregal und warten, bis sie fest geworden ist.«

Karin bindet das Tuch mit dem Käseklumpen drin mit einem Stück Schnur zusammen und hängt es an den Haken für die Spülbürsten über die Spüle. Es tropft aus dem Tuch, und die Molketropfen fallen in die Schüssel. »So, Lasse. Morgen früh bekommst du den besten Käse der Welt. Glaubst du das?«

Lasse grinst.

Nach einem dann doch noch sonnigen Nachmittag auf dem Kettcar gibt es abends leckere Fruchtmolke, die Karin gekühlt und mit sprudelndem Mineralwasser und Apfelsaft vermischt hat. Lasse schläft in der zweiten Nacht auf der Luftmatratze wie ein Bär im Winter, weil Karin und Sandra das Loch vorher zugeklebt haben.

Lasse ist am nächsten Morgen schon ganz früh wach, um nach dem Käse zu sehen. »Hallo, Lasse! Na, schon so früh aufgestanden?« Karin kommt im Bademantel und in dicken Socken in die Küche. »Also, dann wollen wir mal sehen, wie's unserem Käse geht. Das ist ja ein ganz schön schwerer Brocken geworden.«

Karin hebt den Käse vom Haken und legt ihn samt Tuch auf einen Teller. Jetzt darf Lasse die Schnur aufschneiden und den Käse ansehen. Wie ein großer, weißer Schneeball sieht er aus. Er ist außen glatt und fest und riecht nach frischer Milch. Lasse läuft das Wasser im Mund zusammen.

»Ich deck schon mal den Frühstückstisch«, ruft er und legt los. Natürlich ist es der beste Mozzarella, den Lasse je gegessen hat. Und das Tolle daran ist, dass er die ganze Ferienwoche lang davon essen kann – so groß ist der Käse geworden.

Selber machen

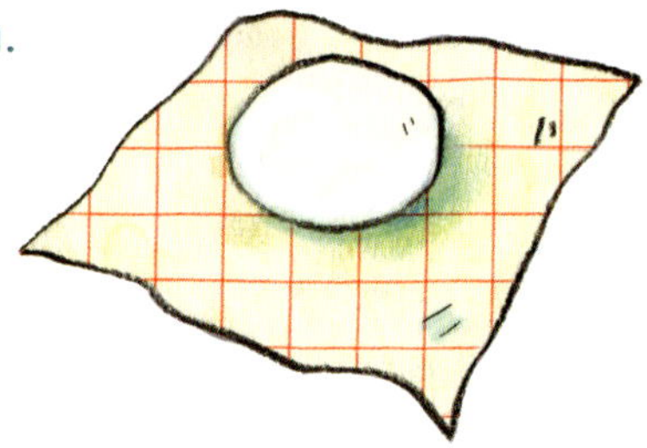

Beim Käsemachen sollte dir ein Erwachsener helfen.
Ihr braucht
2 Liter Milch,
1 Labtablette,
½ Zitrone,
Salz, Pfeffer.

Die Labtablette nach Gebrauchsanweisung in Wasser auflösen.
Die Milch in einen Topf schütten und sehr langsam auf vierzig Grad erwärmen.
Dann den Zitronensaft und das Wasser mit der aufgelösten Labtablette und Salz und Pfeffer dazugeben und dabei umrühren. Den Topf zugedeckt auf der warmen Herdplatte stehen lassen, bis die dicke Masse flockig und bröselig geworden ist. Falls die Masse fest geworden ist, im Topf mit einem Messer alles in kleine Stücke schneiden.
Den abgekühlten Topfinhalt durch ein Sieb aus Stoff gießen und eine Schüssel drunterstellen, damit die Molke aufgefangen werden kann.
Jetzt das Tuch mit dem Käse drin über der Spüle (Badewanne) festbinden und ein paar Stunden hängen lassen.

Kann Brot pupsen?

»Guck mal da!«, ruft Flo und zeigt auf einen grün schillernden Fisch unter der Wasseroberfläche. Dicke Blasen steigen hinter ihm aus dem moorigen Wasser hoch.

»Weißt du, was die Blasen bedeuten?«, fragt Flo seinen Freund Jan und grinst.

»Vielleicht hat der Fisch gerülpst?«, überlegt der.

»Nee, aber gepupst.« Flo packt sein Käsebrot aus und beißt hinein. Jan blinzelt und sieht zu, wie der Fisch wegschwimmt. »Meinst du, dass Fische pupsen?«

»Klar, warum denn nicht. Alle Tiere, die fressen, müssen pupsen. Ist doch logisch.«

Wieder beißt Flo genüsslich in sein Brot. Jetzt spürt Jan, dass er auch ziemlichen Hunger hat. Hm, wie das duftet. Dunkle, saftige Brotscheiben und dazwischen viel Butter und dottergelber Käse.

Seine Banane hat Jan schon verputzt, als er an der Busstation auf Flo gewartet hat. Jetzt gibt Jans Bauch einen langen, gedehnten Seufzer von sich. Schnell schiebt Jan seine Hand an die Stelle, an der sein Magen sitzt. Hohl wie ein alter Blecheimer fühlt der sich an.

Flo hält Jan sein Brot hin.

»Willste? Ich hab noch eins«, sagt Flo. »Schwimmen macht hungrig!«

Jan nimmt Flo das Brot aus der Hand und beißt ein großes Stück ab. Würzig und salzig schmeckt es und – je länger er kaut – auch ein wenig süß.

Jans Magen gluckert dankbar, als er den Bissen runterschluckt.

»Schmeckt wirklich super«, schnauft er.

»Das ist Holzofenbrot. Das backt unser Bäcker im Holzofen.«

»Quatsch, so was gibt's doch gar nicht.« Jan verzieht ungläubig das Gesicht. »Ein Ofen aus Holz, der würde doch sofort verbrennen.«

Flo kaut nachdenklich. Es stimmt, was Jan sagt. Der Ofen in der Bäckerei ist aus roten Ziegelsteinen gemauert und hat dicke, schwarze

Metalltüren. Aber der Bäcker hat Flo gesagt, dass sein Ofen ein Holzofen ist.

»Irgendwas daran stimmt nicht«, murmelt Flo.

»Unser Ofen zu Hause ist jedenfalls aus Metall. Der funktioniert mit Strom«, erklärt Jan.

»Am besten, wir gucken morgen nach«, meint Flo. »Jeden Donnerstag hat unser Biobäcker offene Backstube. Wer bis sieben Uhr morgens sein Brot holt, kann sich zeigen lassen, wie das Brot gebacken wird.«

»Super Idee.« Jan wischt die Brotkrümel vom Steg ins Wasser. Sofort schießen zwei dicke Fische an die Wasseroberfläche und schnappen danach.

Um halb sieben am nächsten Morgen steht Jan mit seinem Fahrrad am Gartenzaun. Flo und sein Vater biegen unten an der Kreuzung in die Straße ein. Jan winkt und gähnt. Dann fährt er den beiden entgegen, und die drei machen sich auf zum Biobäcker.

Als sie ankommen, sind alle Ladenfenster dunkel. »Und dafür sind wir jetzt extra so früh aufgestanden? Der Bäcker hat ja noch nicht mal mit dem Backen angefangen!« Enttäuscht stellt Jan sein Fahrrad neben dem Eingang ab.

»Jetzt warte doch mal.« Flo zieht Jan mit sich durch den Hauseingang in den Hinterhof. »Der Bäcker ist hinten in der Backstube. Seinen Laden macht er erst später auf.«

Im engen Durchgang zum Hinterhof hängt eine Wolke aus warmem, süßem Brotduft. Auf der gegenüberliegenden Seite des gepflasterten Hofs liegt die Backstube. Beide Eingangstüren stehen offen, und Jan kann sehen, wie der Bäcker Brote aus dem Ofen holt und in ein Metallregal mit Rädern schubst. In der Backstube stehen noch mehr von den

Regalen, und alle sind voll mit Brotlaiben. Einige sind oval geformt, andere rund oder eckig. Manche sind goldgelb mit zarter Kruste, andere fest und dunkelbraun, und einige haben Sonnenblumenkörner oder Sesam obendrauf. Im Regal ganz rechts entdeckt Jan Bleche mit knusprig braunen Laugenhörnchen, karamellfarbenen Rosinenbrötchen und knackigen Schrippen. Sofort läuft Jan das Wasser im Mund zusammen. Kein Wunder. In der Eile heute Morgen hat er gar nicht gefrühstückt.

»Hallo, ihr drei! Wollt ihr zugucken?« Die Bäckergesellin schiebt zwei der Regale auf den Hof hinaus, damit die Brote besser abkühlen können. »Kommt rein, dann könnt ihr sehen, wie unser Roggenbrot gemacht wird.«

Die Gesellin gibt Flos Vater die Hand. Dann stellt sie den beiden Jungs eine Holzkiste hin. Flo und Jan steigen darauf und gucken durch die offene Ofentür in die Tiefe des Backofens. Jan staunt. So tief ist der Ofen, dass man kaum die hinterste Reihe der Brote an der Rückwand erkennen kann.

»Das sind ja Hunderte Brote!«, flüstert Jan.

»Na ja, nicht ganz so viele«, erklärt der Bäcker. »Aber siebzig sind es schon. Das sind Roggenbrote, die müssen ziemlich lange backen. Seht mal da …«

Der Bäcker zeigt auf die drei großen Metallbottiche am Fenster. »Das sind Knetmaschinen. Darin wird der Brotteig automatisch gerührt. Mehl, Wasser, Salz und Sauerteig. Das ist alles, mehr kommt in mein Brot nicht rein.«

»Und Milch?«, will Flo wissen.

Der Bäcker lacht. »Milch hat im Brot nichts zu suchen – die kommt höchstens in Milchbrötchen.«

Flink und geschickt angelt der Bäcker die heißen Brote mit einem langstieligen Schieber aus dem Ofen. Sie sind so heiß, dass die Gesellin sie nur mit dicken Lederhandschuhen anfassen kann.

»Und warum heißt das Brot Holzofenbrot?«, erkundigt sich Flo.

Der Bäcker deutet auf die Holzscheite in der Schubkarre neben dem Ofen. »Ich heize meinen Backofen mit Buchenholz, das gibt eine lang anhaltende und gleichmäßige Wärme«, erklärt er. »Mit so einer Schubkarre voll Holz kann ich etwa zweihundert Brote backen. Das ist energiesparender als mit Strom.«

»Deshalb heißt es also Holzofen«, murmelt Jan.

»Genau.« Der Bäcker lächelt und wischt sich den Mehlstaub von den Unterarmen. Wie seine Gesellin trägt er eine karierte Hose, weiße Pantoffeln und ein weißes T-Shirt.

»Kommt mal mit. Ihr beide könnt heute selbst Brot backen. Wie wär's?«

Jan und Flo wollen natürlich sofort loslegen. Die Gesellin holt mit dem Abstecher einen großen Teigfladen aus dem Bottich der Knetmaschine. Sie reißt gleich große Stücke aus dem Teig und legt sie auf die Waage.

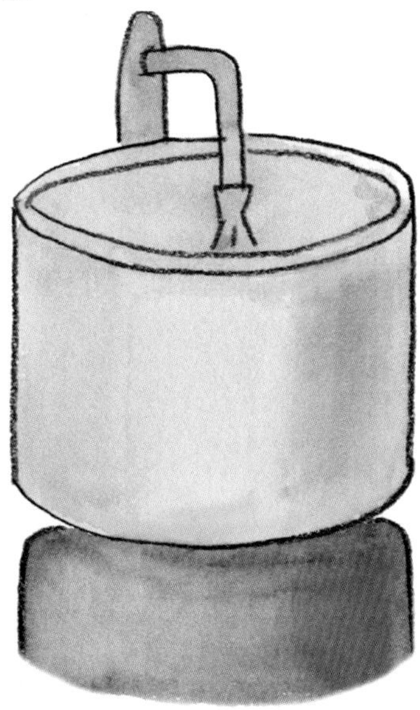

»Damit die Brote nachher alle gleich schwer sind«, erklärt sie, »wird der Teig zuerst gewogen. Dann knete ich ihn noch mal durch und gebe ihn in die Gärform.«

Jan und Flo sehen zu, wie ein Teiglaib nach dem anderen in den bereitstehenden Körbchen landet. Jan packt sich auch einen Teigklumpen, aber kaum hat er zu kneten begonnen, bleiben seine Hände im Teig stecken wie in einem Kaugummi.

»Hilfe, ich hänge fest«, jammert Jan. Die Bäckergesellin kratzt Jan die Teigklumpen von den Handflächen. »Am Anfang ist es mir genauso gegangen. Brotteig kneten ist wirklich schwierig. Ich zeig euch noch mal, wie's geht.« Die Gesellin nimmt Jans und Flos Teigklumpen in je eine Hand und knetet sie gleichzeitig. »Ganz locker, als würdest du den Teig massieren«, erklärt sie. »Immer schön von außen nach innen kneten.«

Jan findet, dass es so aussieht, als würde die Gesellin den Teig mehr streicheln als kneten. Schon ist er zur Kugel geformt und landet im Weidenkörbchen.

»Jetzt bekommt der Teig eine Verschnaufpause, bevor er gebacken wird. Drüben in der Gärkammer kann der Teig noch mal richtig gehen.«

Flo und Jan sehen zu, wie die Gesellin die Körbe mit dem Brotteig in einen Regalwagen stellt und in die Gärkammer rollt.

»Und wo geht der Teig jetzt hin?«, fragt Jan.

Die Gesellin schließt die Glastür zur Kammer, dann nimmt sie eine Schüssel vom Arbeitstisch und lässt Jan und Flo hineinschauen. Eine zähflüssige Teigmasse bedeckt den Boden der Schüssel.

»Hm, riecht irgendwie sauer«, stellt Jan fest.

»Das ist ein ganz besonderer Teig. Sauerteig. In diesem Teig haben sich viele kleine Lebewesen angesiedelt, die man mit bloßem Auge nicht sehen kann.«

»Bakterien!«, weiß Flo.

Die Gesellin lächelt. »Und diese Bakterien fressen sehr gerne Mehl. Und danach müssen sie pupsen.«

»Dann steigen Blasen auf!«, weiß Jan.

»Genau. Wenn man Sauerteig zum Brotteig gibt, entstehen lauter kleine Gasbläschen. Die Bläschen bewirken, dass das Brot später schön weich und locker ist. In der Gärkammer ist es angenehm warm, das macht den Bakterien Appetit. Sie fressen viel und pupsen viel, und die Teigblasen lassen den Teig in die Höhe gehen.«

»Es ist so weit. Wir müssen!«, ruft der Bäcker und tippt an die Glashaube der Temperaturanzeige am großen Holzofen. Der Bäcker klappt die obere Ofentür auf und knipst eine Lampe an, die den leeren Innenraum beleuchtet.

Während die Gesellin zwei Regale mit vollen Formen aus der Gärkammer zieht, greift sich der Bäcker den langen Schieber. Die Gesellin nimmt die erste Form aus dem Regal und kippt den Teig daraus auf die Holzschaufel. Blitzschnell befördert der Bäcker den Teig auf dem Schieber bis an die Rückwand des Ofens. Alles geht in rasendem Tempo: Korb um Korb wird über der Schaufel ausgekippt, und der Brotteig landet im Ofen. Jan kann sehen, wie der Bäcker dabei schwitzt, und auch der T-Shirt-Rücken der Bäckergesellin ist ganz nass. »Deshalb sagt man zum Schieber auch oft Schießer!«, keucht der Bäcker und schließt die Ofentür, nachdem das letzte Brot im Ofen gelandet ist. »Alle Brote müssen gleich lang im Ofen sein. Wenn ich beim Bestücken des Ofens zu langsam bin, sind die Brote hinten schon verbrannt, während die vorne noch nicht mal zu backen begonnen haben. Alles muss so schnell gehen, dass ich die Brote mehr in den Ofen hineinschieße als hineinschiebe.«

Jetzt öffnet der Bäcker die untere Ofentür. »Die sind alle fertig. Die holen wir jetzt raus.«

Ganz friedlich und still sehen die Brote aus, wie sie in langen Reihen goldbraun vor sich hin backen. Aber dann beginnt wieder ein Wirbeln und Machen und Tun, als würden der Bäcker und seine Gesellin einen Wettkampf austragen. In wenigen Minuten sind alle Brote aus dem Ofen geholt und in die Regale geschichtet.

»So ein Paddel könnten wir gut gebrauchen«, sagt Jan grinsend. »Für unser Floß, unten am See.«

»Das würde dir so passen.« Der Bäcker schwenkt den Schieber gefährlich in Jans Richtung. Schnell zieht Jan den Kopf ein. »Außerdem ist es eine Beleidigung für den Bäcker, wenn du den Schieber Paddel nennst. Wollt ihr eines von den fertigen Broten nehmen oder warten, bis eure eigenen gebacken sind? Das dauert aber noch eine Weile.«

Jan und Flo entscheiden sich fürs Warten. Währenddessen bezahlt Flos Vater schon mal vorne im Laden und fährt nach Hause.

Jan und Flo sehen zu, wie die Gesellin große grüne Kisten mit Papier auslegt und Brot und Brötchen darin verstaut. Vier Lieferautos kommen und fahren voll beladen wieder vom Hof, bis Jans und Flos Roggenbrote endlich fertig sind.

Zum Abschied drückt der Bäcker Jan ein dickes Paket in die Hand. Es fühlt sich schwer und weich an. »Da ist übrig gebliebener Brotteig drin. Den könnt ihr selber backen. Als Stockbrot, beim Grillen oder auf einem heißen Stein.«

»Super!«, freut sich Flo. »Ich frag meinen Vater, dann macht er am Abend mit uns am See ein Feuer.«

Wissensecke

Schon vor zehntausend Jahren haben die Menschen Brot gebacken. Brot ist unser ältestes und wichtigstes Nahrungsmittel. Die Menschen der Frühzeit bereiteten aus Mehl und Wasser einen Teig, den sie auf heißen Steinen zu Brotfladen buken. Das Mehl dafür gewannen sie aus wild wachsenden Getreidesorten. Später, als die Menschen sesshaft wurden, Felder anlegten und Haustiere hielten, entwickelte sich die Backkunst weiter. Öfen aus Stein wurden gebaut, und der Sauerteig wurde entdeckt. Welch große Bedeutung Brot als Nahrungsmittel für uns hat, erkennst du daran, wie viele Bräuche mit dem Brot in Verbindung stehen. Wenn jemand in eine neue Wohnung zieht, schenkt man ihm zum Beispiel Brot und Salz.
Das soll bedeuten, dass es in der neuen Wohnung Wohlstand und Gemeinschaft geben soll.

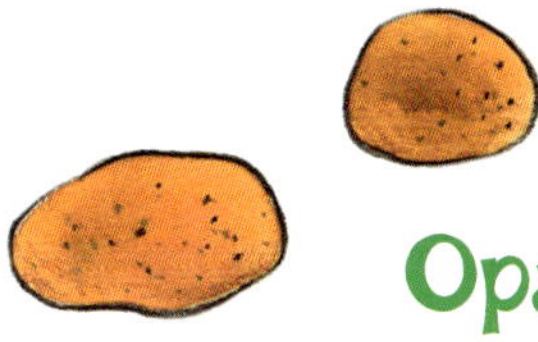

Opas Kartoffeln

»Kartoffeln schälen ist doch das Einfachste auf der Welt«, sagt Opa und nimmt einen Sparschäler aus der Schublade. »Sag bloß, du hast noch nie Kartoffeln geschält.«

Anni zieht die Schultern hoch bis an die Ohren. Klar weiß sie, dass man Kartoffeln schälen muss, wenn man Kartoffelpuffer daraus machen will. Und genau die soll es heute Abend geben: Kartoffelpuffer mit Apfelmus. Anni hat Mama schon oft beim Kartoffelschälen zugesehen. Aber Kartoffeln selbst geschält hat sie noch nie.

»Da.« Opa hält ihr eine faustgroße, dunkelbraune Knolle hin. »Du nimmst die Kartoffel in die eine und das Schälmesser in die andere Hand.« Anni schaut zu, wie Opa mit dem Schälmesser Streifen aus der Kartoffelschale schneidet.

»Bitte schön. Die Streifenkartoffel.«

Anni muss lachen. Das sieht wirklich lustig aus, eine weiß-braun gestreifte Kartoffel.

»Keine Angst. Mit dem Sparschäler kannst du dich nicht schneiden«, sagt Opa.

Anni nimmt sich eine Kartoffel aus dem Eimer. Warm und sandig fühlt sie sich an. Anni betrachtet ihre Kartoffel von allen Seiten. In der Mitte hat sie einen Fortsatz, der aussieht wie eine lange Nase. Anni kratzt mit

dem Fingernagel links und rechts der Nase Augen in die Kartoffelschale.

»Guck mal, da!«

»Mensch, Anni, schälen sollst du die Kartoffeln, nicht Gesichter draus machen. Sonst wird das nix mit den Kartoffelpuffern.« Opa schält flink die Schale von seiner Kartoffel und befördert sie mit einem gezielten Weitwurf in das Spülbecken mit Wasser.

Klar, dass Opa so schnell Kartoffeln schälen kann, denkt Anni. Schließlich wohnt er auf dem Bauernhof. Nein, Opa ist kein Bauer! Er wohnt hier bloß zur Miete in der ausgebauten Scheune. Opa pflanzt auch keine Kartoffeln an, und er zieht auch kein Gemüse. Das macht Bauer Schlappkohl. Opa repariert alte Möbel und hilft Herrn Schlappkohl manchmal, wenn es auf dem Hof viel zu tun gibt.

»Auweia!«, seufzt Opa und holt eine winzig kleine Kartoffel aus dem Eimer. »Das war unsere letzte.« Opa hält den umgedrehten Eimer hoch und schüttelt ihn. »Wir haben keine einzige Kartoffel mehr.«

»Wenn wir Kartoffelpuffer machen wollen, brauchen wir unbedingt mehr«, sagt Anni.

»Stimmt. Am besten gehen wir raus und buddeln noch ein paar Kartoffeln aus. Kommst du mit?«

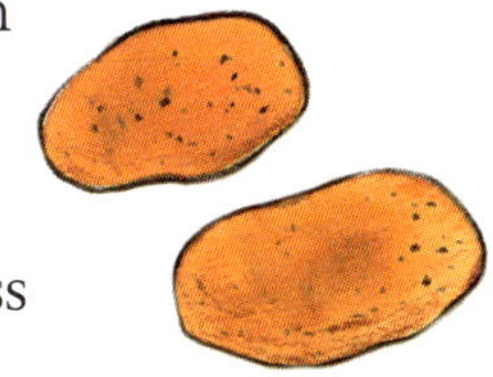

»Ausbuddeln? Wieso denn ausbuddeln?«, wundert sich Anni. »Bei uns liegen die Kartoffeln im Kühlschrank, die muss man nicht ausbuddeln.«

Opa nickt. »Aber bevor sie in euren Kühlschrank kommen, sind sie im Gemüseladen, und bevor sie mit dem Lastwagen dort hinkommen, wachsen sie auf dem Kartoffelfeld.«

Anni kratzt sich am Kopf. Klar weiß sie, dass die Kartoffeln auf dem Feld wachsen und nicht im Supermarkt. Aber dass man sie ausgraben muss, das wusste sie bis heute nicht.

»An Kartoffeln kommst du nur ran, wenn du sie ausbuddelst, wie einen Schatz!«, erklärt Opa. »Wie wär's, wenn wir beide auf Schatzsuche gehen?«

Im Nu sind beide draußen. Anni packt ihre rote Schippe, die an der Scheunenwand lehnt. Hand in Hand überquert sie mit Opa dic breite Straße. Als sie schon fast am Feldweg sind, bleibt Anni stehen.

»Mensch, wir sind ja vielleicht Doofis. Wir brauchen doch den Eimer, wo wir die Kartoffeln reintun können!«

Opa schlägt sich mit der flachen Hand an den Kopf. »Du hast recht, Anni. Geh schon mal vor zum Feld, das ist gleich hinter dem Gewächshaus. Ich komme sofort nach.«

Als Anni auf dem Feld hinter dem Gewächshaus ankommt, wächst dort überhaupt nichts. Ein paar vertrocknete Unkrautstängel ragen aus der Erde, aber das ist auch schon alles.

Anni wirft verärgert ihre Schippe auf den Boden. Sie setzt sich auf einen großen Stein neben das Feld und sieht zu, wie Opa mit dem Plastikeimer in der Hand über den Feldweg auf sie zuläuft.

»Du brauchst dich gar nicht zu beeilen!«, ruft Anni. »Das wird nichts mit der Schatzsuche. Hier sind gar keine Kartoffeln. Der Bauer Schlappkohl hat alles abgeerntet.«

Anni hebt einen der vertrockneten Stängel auf und hält ihn Opa zum Beweis hin.

»Das ist Kartoffelkraut«, erklärt Opa. »Der Teil der Kartoffelpflanze, der über der Erde wächst.«

»Kann sein, aber das ist doch längst vertrocknet«, murmelt Anni.

»Kartoffelstauden wachsen auch nur im Frühling und im Sommer.« Opa hält die Hand in Höhe seiner Hüfte. »So hoch werden die Pflanzen. Und im Frühling haben sie sogar Blüten. Kleine, hübsche Sterne in Weiß, Gelb und Blau. Und die Kartoffelpflanzen haben grüne Früchte dran. Die sind groß wie Erbsen und giftig.«

Anni runzelte die Stirn. »Aber du hast doch gesagt, dass Kartoffeln unter der Erde wachsen!« Jetzt versteht Anni gar nichts mehr.

»Warte, ich zeig es dir.«

Opa nimmt Annis Schaufel und sticht sie tief in die Erde. Dann lockert Opa den Boden etwas und gräbt mit den Händen weiter. Schließlich zieht er ein Geflecht aus Wurzeln aus dem Boden, an dem unterschiedlich große, erdverkrustete Knollen baumeln.

»Da sind ja die Kartoffeln!«, ruft Anni.

»Die Kartoffeln gehören zu den Wurzeln der Kartoffelpflanze. In den Knollen sammelt die Pflanze ihre Nährstoffe für schlechte Zeiten. Aber nur mit Wurzeln alleine kann eine Pflanze nicht leben. Alle Pflanzen brauchen über der Erde Stängel, Äste und Blätter. Durch die Blätter atmen die Pflanzen Sonnenlicht, so wie die Menschen durch ihre Lungen Luft atmen.«

Opa atmet zum Beweis tief ein und aus. »Den ganzen Sommer über wachsen die Kartoffeln unter der Erde. Dazu brauchen die Blätter der Kartoffelpflanze Sonne. Und wenn die Kartoffeln im Boden reif sind und nicht mehr weiterwachsen, dann braucht die Kartoffelpflanze die Blätter nicht mehr. Sie werden welk und vertrocknen.«

»Und wenn alle Kartoffelpflanzen vertrocknet sind, kann man die Kartoffeln ernten?«

Opa nickt. »Auf die Plätze, fertig, los.«

Und schon beginnen Opa und Anni, wie die Verrückten mit den Händen in der Erde zu wühlen. Das ist ein tolles Gefühl, weil die Erde warm und weich und krümelig ist und obendrein gut riecht. Und wirklich: Kaum hat Anni eine Handbreit nach unten gegraben, leuchten ihr schon die Kartoffeln im dunklen Boden entgegen. Anni holt Knolle um Knolle aus der Erde. Das macht vielleicht Spaß. Beim Graben ist Anni schneller als Opa. Im Nu hat sie einen richtigen Kartoffelberg neben sich aufgehäuft.

»Das reicht, du kleine Wühlmaus!«, sagt Opa und lacht. »So viele Kartoffeln passen gar nicht in unseren Eimer!«

Opa hebt den schweren Kartoffeleimer an. Anni fasst mit an und hilft,

ihn zu tragen. Über den Feldweg, zum Gewächshaus, bis zum grauen Schuppen aus Wellblech. Drinnen brummt und rattert jetzt eine Maschine.

»Komm, ich zeig dir die Kartoffel-Sortier-Anlage!«

Opa zieht die schwere Schuppentür auf und lässt Anni hineingucken.

Die Sortiermaschine ist ein richtig großes und lautes Ding. An einer Seite kippt Herr Schlappkohl die geernteten Kartoffeln aus dem Anhänger in einen Trichter aus Metall. Von dort kullern die Kartoffeln auf ein Förderband, das sie zu einem Gitter transportiert. Auf dem Gitter werden die Kartoffeln hin und her gerüttelt und geschüttelt, bis der ganze Dreck abfällt. Dann geht die Reise der Kartoffeln auf dem Förderband weiter zu einem anderen Sieb. Dort bleiben die großen Kartoffeln oben, und die kleineren fallen nach unten durch.

»So kann man die kleinen Kartoffeln aussortieren«, brüllt Opa gegen den Maschinenlärm an.

»Und was machen Bauer Schlappkohl und der andere Mann da oben?«

Anni zeigt auf die beiden Männer mit Ohrenschutz, die oben am Fließband stehen und Kartoffeln aussortieren.

»Herr Schlappkohl und Bauer Otte sortieren die schlechten Kartoffeln aus. Die Kartoffeln, die man nicht verkaufen kann, bekommen die Kühe vom Bauern Otte.«

Das findet Anni gut, dass man die kaputten Kartoffeln nicht einfach wegwerfen muss, sondern den Tieren zu fressen gibt.

»Na, da habt ihr aber ordentlich zugelangt!«, brüllt Bauer Schlappkohl von der Maschine runter und zeigt auf Opas und Annis Eimer. »Das sind doch mindestens zehn Kilo. Das willst du alles gratis?«

»Wir machen Kartoffelpuffer heute Abend. Ihr seid eingeladen!«

Während Opa die Kartoffeln für die Kartoffelpuffer reibt, bereitet Anni das Apfelmus zu. Das geht ganz einfach: Äpfel schälen, vierteln und das Gehäuse rausschneiden. Dann wirft Anni die Apfelstücke in den großen Topf mit Wasser. Opa dünstet die Äpfel und püriert sie mit dem Pürierstab.

»Sind wir hier richtig zum Kartoffelpuffer-Wettessen?«

Herr Schlappkohl und Bauer Otte poltern in die Küche.

»Ich habe Hunger wie zehn sibirische Bären.« Herr Schlappkohl reibt sich den Bauch unter seiner Arbeitsjacke. »Diesmal schlag ich euch alle. Ich esse mindestens vierundzwanzig Stück.«

»Du Angeber! Das will ich sehen!« Opa lacht und stellt Annis Apfelmus auf den Tisch.

Wissensecke

Kartoffeln gibt es in Deutschland noch nicht so lange wie Äpfel, Rüben oder Bohnen. Vor etwa vierhundertfünfzig Jahren brachten spanische Seefahrer die Kartoffel nach Europa. Sie hatten sie auf ihren Reisen durch Südamerika bei den Inkas kennengelernt. Die Europäer fanden die neue Pflanze wegen ihrer schönen Sternblüten chic und bauten sie in vielen botanischen Gärten an. Sie hatten keine Ahnung davon, dass man die Knollen an den Wurzeln essen konnte!
In Deutschland gab es zu dieser Zeit einen sehr schlauen Kaiser. Der hieß Friedrich II. Er las viele Bücher über Ackerbau und interessierte sich sehr für die Kartoffelpflanzen. Er fand, dass Kartoffeln prima Nahrungsmittel waren. Sie waren leicht anzubauen und hatten viele Vitamine. Aber leider interessierten sich die Bauern überhaupt nicht für die Kartoffelpflanze. Sie bauten lieber weiterhin ihr Getreide an.
Um die Bauern auf die Kartoffeln neugierig zu machen, dachte sich Kaiser Friedrich II. einen Trick aus. Er ließ rund um Berlin große Kartoffelfelder anlegen, und um die Felder stellte er Wachsoldaten auf. Nun dachten die Bauern, die an den Feldern vorbeikamen, dass die Soldaten wohl etwas sehr Wichtiges und Kostbares zu bewachen hätten. Sie wunderten sich, was da so Wertvolles auf dem Acker war. Der Kaiser hatte seinen Soldaten aber den Befehl gegeben, nicht so genau aufzupassen und manchmal so zu tun, als würden sie schlafen,

wenn sich jemand den Feldern näherte. In solchen Momenten schlichen sich die neugierigen Bauern heran und klauten die Kartoffelpflanzen. Zu Hause kochten und kosteten sie ihren erbeuteten Schatz. Alle waren davon begeistert, wie wunderbar die Kartoffelknollen schmeckten. So was Feines hatten sie selten zuvor gegessen. Sofort beschlossen die meisten Bauern, selbst auch Kartoffeln anzubauen.

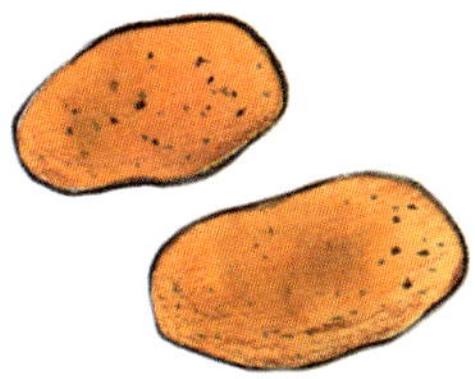

Rätsel zur Geschichte

„Tomaten zum Geburtstag“

Weißt du’s?

Hast du gut aufgepasst und kennst die richtigen Antworten?

1. Welche Farbe haben Sonnenblumen?

   a) Rot
   b) Blau
   c) Gelb

2. Was schenken Frieda und Joshi Adele zum Geburtstag?

   a) Einen Blumenstrauß
   b) Fußballsammelkarten
   c) Eine Tomatenpflanze

Lösung: 1c, 2c

Rätsel zur Geschichte

„Die Wunderpille“

Finde die Lösung!

Setze die Buchstaben der richtigen Antworten der Reihe nach in das Lösungswort ein

1. Für wen wollen Lilja und Friedrich eine Wunderpille herstellen?

   B Friedrichs Bruder
   A sich selbst
   V Karla

2. Was kaufen Lilja und Friedrich im Supermarkt?

   E Nudeln
   T Knusperflocken
   S Gurke

3. Was sind die Wunderpillen für Karla tatsächlich?

   M Erbsen
   D Zucker
   U Bohnen

Lösungswort: ___ I ___ A ___ I N E

Lösung: Vitamine

Bilderrätsel

Weißt du, zu welchen Geschichten diese Bilder gehören?

1.

a) Ein Mittel gegen Husten
b) Kräuterzauber
c) Kann Brot pupsen?

2.

a) Lang und lecker
b) Opas Kartoffeln
c) Erdbeertraum

Lösung: 1c, 2c

Rätsel zur Geschichte

„Erdbeertraum“

Weißt du's?

Hast du gut aufgepasst und kennst die richtigen Antworten?

1. Wo fährt Lilly mit ihren Großeltern hin?

   a) In den Supermarkt
   b) In den Bioladen
   c) Ins Erdbeerfeld

2. Wer gewinnt den Erdbeerpreis?

   a) Lilly
   b) Jule
   c) Frau Gerber

Lösung: 1c, 2a

Rätsel zur Geschichte

„Ein Mittel gegen Husten“

Stimmt’s?

Hast du gut aufgepasst und weißt, welche Aussagen wahr oder falsch sind?

1. Quentin ist schon 8 Jahre alt.

☐ wahr ☐ falsch

2. Lisa kauft im Bioladen Lindenblütenhonig.

☐ wahr ☐ falsch

3. Bienen wohnen in einem Bienenstock.

☐ wahr ☐ falsch

4. Im Winter füttern die Imker Bienen mit Zuckerwatte.

☐ wahr ☐ falsch

Lösung: 1 falsch, 2 wahr, 3 wahr, 4 falsch

Rätsel zur Geschichte

„Lasse und der weiße Käse“

Weißt du's?

Hast du gut aufgepasst und kennst die richtigen Antworten?

1. Welchen Käse möchte Lasse gern essen?

   a) Gouda
   b) Emmentaler
   c) Mozzarella

2. Woraus wird Käse gemacht?

   a) aus Milch
   b) aus Mehl
   c) aus Wasser

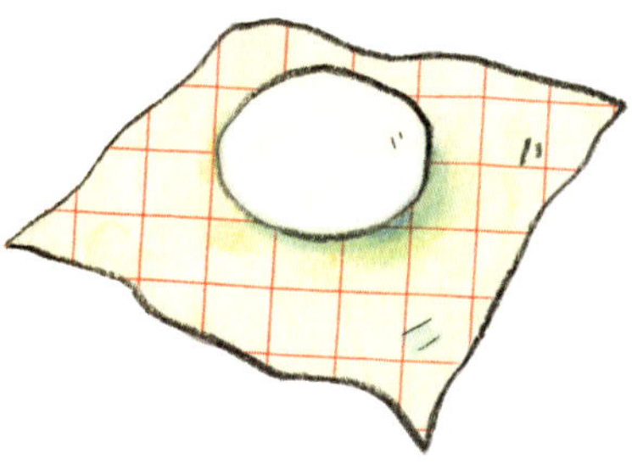

Lösung: 1c, 2a

Bilderrätsel

Weißt du, zu welchen Geschichten diese Bilder gehören?

1.

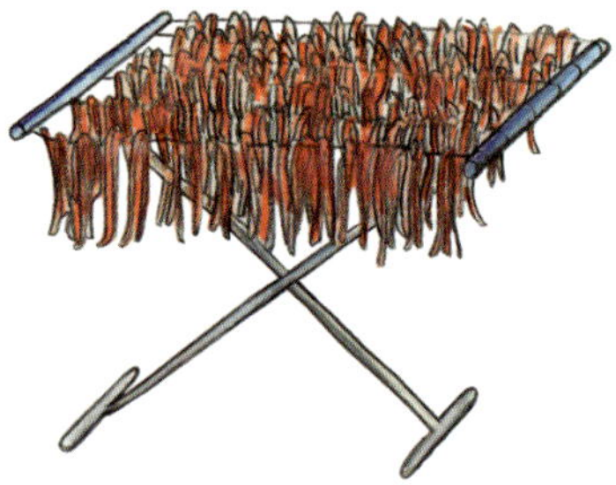

a) Lang und lecker
b) Tief unter der Erde
c) Wo die Schokolade wächst

2.

a) Ein Mittel gegen Husten
b) Kräuterzauber
c) Opas Kartoffeln

Lösung: 1a, 2c

Rätsel zur Geschichte

„Wo die Schokolade wächst“

Stimmt's?

Hast du gut aufgepasst und weißt, welche Aussagen wahr oder falsch sind?

1. Mario schenkt Benno Schokolade.

☐ wahr ☐ falsch

2. Schokolade schmilzt bei Hitze.

☐ wahr ☐ falsch

3. Schokolade wird aus Kakaobohnen gemacht.

☐ wahr ☐ falsch

4. Kakaobäume wachsen in deutschen Wäldern.

☐ wahr ☐ falsch

Lösung: 1 falsch, 2 wahr, 3 wahr, 4 falsch

Rätsel zur Geschichte

„Opas Kartoffeln"?

Weißt du's?

Hast du gut aufgepasst und kennst die richtigen Antworten?

1. Was wollen Anni und ihr Opa essen?

   a) Pommes Frites
   b) Kartoffelpuffer
   c) Kartoffelbrei

2. Wo wachsen Kartoffeln?

   a) Unter der Erde
   b) Am Baum
   c) Am Strauch

Lösung: 1b, 2a